白俄罗斯研究文集

王宪举 ◆ 著

Антология Белорусистики

当代世界出版社
THE CONTEMPORARY WORLD PRESS

图书在版编目（CIP）数据

白俄罗斯研究文集／王宪举著. -- 北京 ：当代世
界出版社，2024.10. -- ISBN 978-7-5090-1853-8

Ⅰ. K951.14-53

中国国家版本馆 CIP 数据核字第 2024KE6349 号

书　　　名：白俄罗斯研究文集
作　　　者：王宪举 著
出 品 人：李双伍
策划编辑：刘娟娟
责任编辑：刘娟娟　杨啸杰
特约编辑：杨丽萍　寿家睿
出版发行：当代世界出版社有限公司
地　　　址：北京市地安门东大街 70-9 号
邮　　　编：100009
邮　　　箱：ddsjchubanshe@163.com
编务电话：(010) 83907528
　　　　　 (010) 83908410 转 804
发行电话：(010) 83908410 转 812
传　　　真：(010) 83908410 转 806
经　　　销：新华书店
印　　　刷：廊坊市印艺阁数字科技有限公司
开　　　本：710 毫米×1000 毫米　1/16
印　　　张：14.75
字　　　数：199 千字
版　　　次：2024 年 10 月第 1 版
印　　　次：2024 年 10 月第 1 次
书　　　号：ISBN 978-7-5090-1853-8
定　　　价：79.00 元

◆ 生活在别洛韦日森林的欧洲最大哺乳动物，白俄罗斯的象征之一——野牛

◆ 白俄罗斯的象征之—— 鹳

◆ 2000 年被联合国教科文组织列为世界文化遗产的米尔城堡

◆ 布列斯特英雄要塞的红军战士雕像

◆ 钾肥是白俄罗斯最主要的出口商品

◆ "别拉斯"大型自动装卸卡车

◆ 白俄罗斯女大学生参加汉语比赛

序|言|一

中国与白俄罗斯建交 30 多年来，两国关系不断发展。《白俄罗斯研究文集》的出版，是王宪举先生多年来对白工作和研究的总结。该书有助于我国读者加深对白俄罗斯和白俄罗斯人民的了解，进一步促进两国人民之间的友谊与合作。

白俄罗斯可以说是中国的"铁哥们"。中白两国在国际事务中相互支持，共同维护联合国等国际组织的权威。白俄罗斯在国际事务中坚定不移地支持中国，与中国一道主张维护国家主权和互不干涉内政的原则，这在一定程度上为两国建立了政治上互信的基础。在经济方面，中白之间的合作逐渐深化。双方在贸易、投资和基础设施建设等领域进行了广泛合作。中国对白俄罗斯提供了一定的经济援助和贷款支持，促进了白俄罗斯经济发展。白俄罗斯也响应习近平主席提出的共建"一带一路"倡议，加强互联互通，携手共建中白"巨石"工业园。在人文交流方面，中白之间也有一系列积极合作，两国在教育、文化、科技等领域开展多层次的交流与合作项目。学术交流、语言学习、文化活动成为两国人民增进相互了解的途径，加深了两国"全天候全面战略伙伴关系"的社会和民意基础。白俄罗斯与中国双方在政治、经济、文化等领域进行全面合作，并取得了显著进展，这种合作不仅有助于促进两国的共同利益，也为地区和国际的和平与稳定作出了积极贡献。相信在双方共同努力下，中白两国关系将迎来更加美好的未来。

下面我简要介绍一下本书作者王宪举先生的一些情况。王宪举毕业于北京第二外国语学院俄语专业，1987 至 2000 年先后任新华社、《中国青年报》《光明日报》驻莫斯科记者，2003 年转任国务院发展研究中心欧亚社会研究所常务副所长。2005 年 7 月至 2011 年 8 月，担任中国驻白俄罗斯使馆新闻参赞，为中白两国新闻和文化教育合作做了大量工作。自离任回国后，他先后担任主编或执行主编，编辑出版了《中国人看白俄罗斯》《中国外交官看白俄罗斯》《中国和白俄罗斯的故事》《白俄罗斯名人传》《2022 年白俄罗斯国内形势和对外政策研讨会论文集》等书籍，并为《白俄罗斯简史》《白俄罗斯驻华大使回忆录》两本书担任译校。在 2019 年由中国教育部、白俄罗斯共和国教育部主办的"白俄罗斯教育年"开幕式上，他荣获"中白教育关系发展突出贡献奖"。近年来，他积极协助浙江树人学院白俄罗斯研究中心开展各类与白俄罗斯相关的工作，举办了四次大规模研讨会，邀请白俄罗斯国家通讯社高级记者阿利娜·格里什凯维奇来我校访问，开展白俄罗斯研究工作，发表文章，提高了浙江树人学院白俄罗斯研究中心的学术研究能力和影响力。

◆ 白俄罗斯教育部部长卡尔边科授予王宪举等六人"中白教育关系发展突出贡献奖"

本书分为"白俄罗斯国情散记"和"白俄罗斯内政外交形势"两部分，

第一部分记录了作者在白俄罗斯工作期间的亲身经历与所见所闻，第二部分收集了作者多年来发表的关于白俄罗斯问题的研究文章。王宪举先生在中国驻白俄罗斯使馆工作六年，深入探访了白俄罗斯众多名胜古迹，为我们揭示了它们的真实面貌。他亲历切尔诺贝利核事故污染区，了解白俄罗斯人民战胜灾害的决心和勇气；他走进自然森林保护区，感受"欧洲之肺"轻盈的呼吸；他与"中国通"记者交朋友，竭力增进两国人民的相互了解与友谊。在散记中，我们能够看到，白俄罗斯自然景色优美，历史底蕴深厚，人民淳朴可爱。我想，若有机会，可以按照王宪举先生推荐的路线去游览一次白俄罗斯。此外，王宪举先生多年来致力于对白工作和研究，对白俄罗斯内政和外交形势有着独到的见解。他剖析白俄罗斯 2011 年的局势，分析原因，预测前景；他讲述欧亚经济联盟的理想与现实，畅想未来。他组织编写的"一带一路"列国人物传系《白俄罗斯名人传》一书，向中国读者详细介绍了白俄罗斯的十位著名政治家、文学家、诗人、艺术家，其中有些是首次进入中国大众视野；他校对的《白俄罗斯简史》和《白俄罗斯驻华大使回忆录》，对于我国研究白俄罗斯具有重要参考作用；在《中白工业园巡礼》一文中，他讲述"巨石"的由来与成长，该园区已成为中白经济合作的旗舰项目，丝绸之路经济带上的一颗"明珠"。

本书是生活与学术的共融，无论是对于从事白俄罗斯问题研究、与白俄罗斯进行合作的专家学者，还是有意愿赴白旅游、对白感兴趣的读者，想必读来都是大有裨益。通过这本书，读者可以从多个角度了解白俄罗斯的风土人情和风俗习惯，并感受它们独特魅力。希望本书读者通过此书不仅能了解到一个独一无二的白俄罗斯，而且对中白关系的发展前景也能拥有属于自己的观点和新的想法。

谨以此祝贺《白俄罗斯研究文集》出版！

浙江树人学院人文与外国语学院院长
李剑亮
2024 年 1 月 30 日

　　我与白俄罗斯的渊源，始于 2005 年被派往中国驻白俄罗斯使馆工作。此前我长期在莫斯科当新闻记者，专注于对俄罗斯的报道。曾经有几次从莫斯科开车去西德出差，途经明斯克，在"明斯克饭店"下榻，但每次都是匆匆而过，印象不多也不深。

　　2005 年 7 月，我到中国驻白俄罗斯大使馆担任新闻参赞，从此与白俄罗斯结下不解之缘。本以为在使馆工作两至三年即可，不料一干就是六年，成为这个使馆任期连续工作时间最长的外交官之一。

　　在这六年期间，时任中共中央纪律检查委员会书记吴官正，时任国务院总理温家宝、副总理回良玉，时任国家副主席习近平，时任全国人大常委会委员长吴邦国等领导人先后访问白俄罗斯，持续推动了中白关系向前发展。我在参加这些访问的筹备和接待工作中，得到了难得的锻炼，提高了外交工作的能力。

　　由于我在使馆工作时间较长，得以先后在于振起、吴虹滨、鲁桂成三位大使麾下任职，前几年主要负责中白新闻合作和使馆政治处研究工作，后来增加了教育、文化、科技等方面的工作。三位大使身体力行，言传身教，对我的工作予以大力支持和帮助，让我学到了很多外交知识和经验，圆满地完成了各项任务。

　　在我的工作中，也得到了白俄罗斯朋友们的协助，在本书的《白俄罗斯的"中国通"记者——舍曼斯基和阿利娜》一文中，我详细介绍了这方面的情况。

　　在使馆工作的六年间，我几乎走遍了白俄罗斯的六个州——明斯克、莫吉廖夫、格罗德诺、维捷布斯克、布列斯特和戈梅利，参观了很多名胜古迹，使我加深了对白俄罗斯的了解和认识，更加热爱这个国家及人民。

2011 年 8 月，我结束使馆任期返回北京后，继续从事与白俄罗斯相关的研究。一方面跟踪白俄罗斯的内外政策和形势，参加与此有关的研讨会，写了一些研究文章；另一方面协助中国国际问题研究基金会副理事长于振起大使，组织编写了《中国人看白俄罗斯》《中国外交官看白俄罗斯》等著作。其中《中国外交官看白俄罗斯》获得中国国际问题研究基金会授予的"公共外交奖"。

为什么要兴致勃勃、不知疲倦地从事关于白俄罗斯的研究呢？

首先，在白俄罗斯的工作和生活使我建立起对这个国家的深厚感情。由于我们国内对这个 1991 年独立的国家了解不多，很多人经常把俄罗斯和白俄罗斯混淆，以为是同一个国家，我觉得有必要向国内人民介绍白俄罗斯，对它有客观、正确和全面的了解。

其次，中国和白俄罗斯的关系在过去 30 多年里不断发展，从一般正常的国家关系，上升为"全天候全面战略伙伴关系"。我觉得有必要发挥自己的长处，利用在白俄罗斯六年工作积累的知识和人脉关系，为中白关系的进一步发展尽绵薄之力。

再次，自从去中国驻白俄罗斯使馆工作以来，我结识了不少与白俄罗斯有关的同事和朋友，他们都有进一步了解和研究白俄罗斯、促进中白关系发展的愿望。我在组织编著有关白俄罗斯图书的过程中，得到了他们衷心支持和热诚帮助，这使我增加了不断研究白俄罗斯的兴趣和干劲。

在编撰这本文集过程中，我得到浙江树人学院白俄罗斯研究中心负责人李剑亮、研究人员杨丽萍和寿家睿的积极帮助。在此谨致以衷心的感谢！

王宪举

2024 年 2 月

目 录 Contents

序言一

序言二

第一部分　白俄罗斯国情散记

白俄罗斯的“白”“绿”及历史名胜古迹　　　　　　　　　3

白俄罗斯把美女当国宝　　　　　　　　　　　　　　　49

白俄罗斯核辐射生态保护区探秘　　　　　　　　　　　56

切尔诺贝利核事故污染区变成“死城”了吗?　　　　　60

勤劳勇敢的人民 璀璨多姿的文化　　　　　　　　　　65

白俄罗斯的“中国通”记者——舍曼斯基和阿利娜　　102

中白工业园巡礼　　　　　　　　　　　　　　　　　123

第二部分　白俄罗斯内政外交形势

白俄罗斯经济和政治形势发展的重要一年　　　　　　133

欧亚经济联盟：利弊与前景　　　　　　　　　　　　139

白俄罗斯政治制度变迁及其原因　　　　　　　　　　146

2020 年白俄罗斯政局走向　　　　　　　　　　　　157

近三十年来中白关系的发展与经验　　　　　　　　　166

《白俄罗斯驻华大使回忆录》好似一部中白关系简史　177

俄白关系三十年　　　　　　　　　　　　　　　　　184

中国和白俄罗斯：从"战略伙伴"到"全天候全面
战略伙伴" 201

接受白俄罗斯国家通讯社记者阿利娜·格里什凯维奇
采访的访谈录 209

白俄罗斯议会选举的特点和影响 216

第一部分

————————————

白俄罗斯国情散记

白俄罗斯的"白""绿"及历史名胜古迹

一、"白俄罗斯"的来历

我们国内不少人知道俄罗斯，但不知道白俄罗斯。我同一些乡亲、朋友等谈起白俄罗斯时，他们会把它当作俄罗斯，以为白俄罗斯和俄罗斯是一个国家。

这也毫不奇怪，因为在 1991 年 12 月以前，白俄罗斯几乎从来就不是一个独立的国家。苏联时期，白俄罗斯和俄罗斯、乌克兰一样，是苏联 15 个加盟共和国之一。苏联解体后，白俄罗斯已经获得独立，成为一个独立的国家，但其历史还很短，尚不被很多人所了解。

白俄罗斯民族是一个古老的民族。公元前 7 到 4 世纪，斯拉夫人开始进入白俄罗斯这片土地。有 3 个部族，即克里维奇、德列戈维奇和拉季米奇部落组成东斯拉夫部落联盟，他们被认为是白俄罗斯人的祖先。公元 882 年，基辅罗斯建立，白俄罗斯这片土地被占领和并入。

11 世纪末至 12 世纪初，基辅罗斯分裂。波洛茨克公国、明斯克公国、扎斯拉夫尔公国等获得独立。

14 世纪初，立陶宛大公国崛起。14—16 世纪，白俄罗斯这片土地归属立陶宛大公国。由于立陶宛的统治比较宽松，白俄罗斯民族逐渐形成，民族语言和文化也逐步形成和发展。

16 世纪中叶，莫斯科公国崛起。立陶宛仅凭自身难敌俄罗斯，就在 1569 年和波兰联合成立立陶宛-波兰联合王国，抗御沙俄。1569 年至 1795 年，白俄罗斯在这个版图中生存达 226 年。

18 世纪初，立陶宛-波兰联合王国衰落。1772—1795 年，波兰三次被俄罗斯、奥地利和普鲁士瓜分，白俄罗斯东部、中部、西部先后被并入俄国。1772—1917年白俄罗斯受俄国统治达145年。

1917年十月革命后，1918年3月，德军直逼彼得格勒，苏维埃俄国为保存实力，与德国签署《布列斯特和约》。根据此条约，白俄罗斯大部分地区被德国占领。但是很快德国便被打败，苏维埃俄国又收复失地。

和平却没有到来，因为波兰仍想收复白俄罗斯西部领土，即格罗德诺和布列斯特。1919—1921年俄波战争爆发，1921年3月，苏俄与波兰签署《里加条约》，将西白俄罗斯和西乌克兰划归波兰。

1922年12月30日，苏联成立，白俄罗斯加入苏联。1939年9月，德国入侵波兰两周后，苏联红军将西白俄罗斯和西乌克兰置于苏联保护之下。白俄罗斯和波兰的边界从"斯大林防线"推进到布列斯特。

1945年2月，罗斯福、丘吉尔和斯大林"三巨头"举行雅尔塔会议，确认白俄罗斯边界和领土。白俄罗斯作为独立的国家成为联合国创始会员国之一。但实际上白俄罗斯并未获得真正独立，只是作为苏联的一个加盟共和国。

这种状况一直延续到1991年12月苏联解体，白俄罗斯才真正获得独立。

据白俄罗斯历史书籍记载，白俄罗斯的"白"有多种解释：第一种解释是形容这片土地美丽，古时候人们认为它是自由、独立、美丽和富裕的地方；第二种解释是过去这里绝大多数居民爱穿漂白的亚麻布服装，喜欢用白布绑腿；第三种解释是"白"象征着清洁、善良和快乐，这里的居民崇尚清洁；第四种解释是这里没有遭受鞑靼蒙古人的蹂躏，居民的头发大多是浅色的，眼睛也是浅色的，比俄罗斯人和乌克兰人保留了更纯的古斯拉夫人血统和特点；第五种解释是，从宗教角度来说，"白俄罗斯"是指与信奉多神教不同，这里信奉的基督教是纯洁的宗教，与"黑俄罗斯"（乌克兰）相比，白俄罗斯更早接受基督教，所以这里的地名叫作"白俄罗斯"。

一般认为，历史上最早称呼"白俄罗斯"的是14世纪的普·祖汉维尔特，他把立陶宛大公国的相当一部分领土称为"白俄罗斯"。与此同时，波兰历史学家雅·切尔恩科夫斯基也把白俄罗斯的古城波洛茨克称为"白俄罗斯的堡垒"。

1611 年，阿·格万伊尼在《欧洲萨尔马特编年史》中写道："有三个俄罗斯：第一个叫作白俄罗斯，第二个叫作黑俄罗斯，第三个叫作红俄罗斯。白俄罗斯在莫泽尔、姆斯基斯拉夫、维杰布斯克、奥尔沙、波洛茨克、斯摩棱斯克和北地附近。"

彼得·奇格里诺夫在《白俄罗斯历史》中写道，从 17 世纪至 18 世纪中叶，白俄罗斯的称呼由于该领土被立陶宛大公国管辖而固定下来。在历史文献中，整个白俄罗斯东部被称为"白俄罗斯"。而到 19 世纪末，整个白俄罗斯都使用此称呼了。

◆ 波洛茨克的索菲亚大教堂

二、白俄罗斯同哈尔滨的"白俄"有什么区别

有些中国人则把白俄罗斯同 20 世纪初至 40 年代末在上海、哈尔滨和东北各地居住的俄国侨民相混淆。我在明斯克工作期间，曾多次遇到中国代表团询问白俄罗斯与哈尔滨的"白俄"有什么关系。

史料记载，20 世纪上半叶到中国的俄罗斯人大多是从俄国撤离的反对十月革命的沙俄官兵和贵族家庭，因而在中国被称为"白俄"，以便与俄国"红军"和革命人士相区别。而现在我们所谓的"白俄罗斯人"，是东斯拉夫三个民族中的一支（其他两支是俄罗斯和乌克兰），与过去称呼的"白俄"完全是两回事。

三、白俄罗斯语言的特点

白俄罗斯民族有自己的语言。弗朗齐斯科·斯科林纳（1490—1541年）是最早使用白俄罗斯语进行诗歌创作的诗人。他把《圣经》《赞美诗》译成白俄罗斯文出版，是白俄罗斯印刷事业的奠基人。

由于历史和宗教的原因，白俄罗斯语同立陶宛语和波兰语比较接近。波兰一位外交官告诉我，虽然他没有学过白俄罗斯语，但他可以看懂白俄罗斯报刊或书籍，因为白俄罗斯语言的书面文字与波兰文很相似。

白俄罗斯语有32个字母，比俄语少一个。在俄语里，一些书写o的字母在读

◆ 位于波洛茨克的斯科林纳纪念像

音时要发a的音，而白俄罗斯语是怎么书写就怎么发音。白俄罗斯语的语音与俄语有不同之处，在字形和造句上则保留了很多古俄语的特征。

众所周知，在乌克兰、哈萨克斯坦等苏联解体后独立国家，本民族语被确定为国语，俄语只是"族际交流的语言"，它们的电视、广播、主要报刊使用的主要是本民族语言，俄语为辅。

20世纪80年代末和90年代初期，在苏联各加盟共和国争取民族独立浪潮中，白俄罗斯人民在要求国家独立时，白俄罗斯语也得到推崇，发起了复兴民族语言文化运动。1990年，白俄罗斯最高苏维埃通过《白俄罗斯语言法》，规定在科学、艺术、教育机构和国家政权机关中开始逐步使用白俄罗斯语，同时保证白俄罗斯各族居民使用本民族语言的权利。1991年独立后，白俄罗斯语被定为国语，俄语为族际通用语言。政府还通过了发展白俄罗斯

语的计划。

1994 年卢卡申科当选总统后，对白俄罗斯宪法作了修改，规定白俄罗斯语和俄语同为国语，均为国家官方语言，在主要报刊和电视广播中实行双语制，即同时使用白俄罗斯语和俄语。但我在白俄罗斯工作期间发现，在实际生活中，俄语仍占主导地位。电视节目、广播电台和主要报纸杂志主要使用俄语。小学生自一年级起，同时学习俄语和白俄罗斯语，但是到了中学和大学，就不再学习白俄罗斯语，教师用俄语授课。在首都明斯克，只有几所学校是用白俄罗斯语教学的，例如明斯克第 23 中学。只有少数家长和学生自愿选择以白俄罗斯语教学的学校。

卢卡申科总统指出，俄语是俄罗斯和白俄罗斯人民共同的语言，千余年来，白俄罗斯人民也为俄语的发展作出了贡献。白俄罗斯要想走向世界，如果只用白俄罗斯语，就会受到很大局限。

总的来说，在白俄罗斯农村，白俄罗斯语比较普及，口语使用得也较多，而在城市，白俄罗斯语则使用较少，人们大多讲俄语。

白俄罗斯法律规定，在白俄罗斯，所有地名和街名都须用白俄罗斯文书写。国家的电视新闻等节目，均以俄语播送，但电视里的文化艺术新闻和天气预报则使用白俄罗斯语。主要报刊均以俄文为主，但文化艺术等栏目经常有一些白俄罗斯文的报道或文章。这就出现了一张报纸两种文字的特殊现象。只有极少数报纸杂志仅用白俄罗斯文出版，例如文化部下属的《文化报》、白俄罗斯对外友协机关报《祖国之声》、少年报《星报》、儿童杂志《彩虹》等。

我参观明斯克市里的扬卡·库帕拉故居博物馆、雅库布·科拉斯故居博物馆和马克西姆·博格达诺维奇博物馆时，里面出售的图书、光盘等音像资料一律是用白俄罗斯文或白俄罗斯语制作的，这对参观者来说很不方便。

◆ 明斯克市内扬卡·库帕拉国家博物馆

◆ 明斯克市雅库布·科拉斯故居博物馆

◆ 作者与雅库布·科拉斯的孙女及曾外孙女

2009 年，白俄罗斯广播电台和中国国际广播电台签署协议，在中国国际广播电台"国际在线"开设白俄罗斯语网站。这是白俄罗斯向世界推介白俄罗斯语的重要举措之一。

正是由于俄语在白俄罗斯的特殊地位和作用，很多中国学生选择到白俄罗斯去学习俄语。目前在白俄罗斯留学的中国学生有 2000 多人。每年都有数百人学成回国，而且多数人在国内找到了较好的工作或职业。

四、崇尚清洁

说"白"象征清洁一点不假。凡去过白俄罗斯的中国人，感到印象最深的是这个国家，特别是首都明斯克，非常整洁美丽，宁静而有秩序。由于很多人是经俄罗斯去白俄罗斯，但如果是经莫斯科去明斯克，这个印象就愈加鲜明深刻。

在第二次世界大战中，明斯克近80%的建筑被毁。凤凰涅槃，重建的首都更加楚楚动人。

◆ 油画：1944年7月3日，明斯克获得解放

建筑物大多是浅色的，显得柔和雅致。特别是墙体，干干净净，没有涂鸦之类的污染。广告牌很漂亮，墙上广告很少，较多的是悬挂在街道上空的横幅广告。在宽阔笔直的街道上想看到几片废纸都很难，发现垃圾更是不可思议。在路上奔驰的车辆也很清洁，如果警察发现肮脏的汽车，会对车主罚款。出租汽车不是毫无目标地满街空驶，而是排队停留在次要街道或车场上，一旦乘车人需要，通过拨打出租车公司的电话，出租车马上就会开到您身旁。这样既节省了汽油，又减少了空气污染，还解决了出租车空驶问题，真是一举多得。

◆ 明斯克市的圣灵主教大教堂

◆ 共产主义小屋

◆ 左边是明斯克冰球馆，右边是体育馆

　　人们的穿着色彩和款式各种各样，也以浅色为主。白俄罗斯姑娘身材高挑修长，皮肤白皙，眼睛炯炯有神，透着一股自信、矜持、庄重、典雅和简朴、活泼、浪漫的气质，是城市里最美的一道风景线。中国中央电视台"世界各地"栏目的一位记者在明斯克采访时，看着如云的美女，由衷地赞叹："真是魔鬼身材，风情万种啊！"怪不得白俄罗斯总统卢卡申科把白俄罗斯妇女称为国家的"战略资源"。当然，这不过是总统赞美白俄罗斯妇女的一种说法而已，实际上近年来在国内外选美和模特大赛中获奖的白俄罗斯美女大多都到国外去谋发展了。

　　明斯克的清洁有口皆碑。香港凤凰卫视一位记者说："我去过欧洲很多国家的首都，但它们与明斯克的清洁相比都要逊色。"

◆ 明斯克国家歌剧和芭蕾舞剧院

◆ 剧院公园里的雕塑

不仅大城市清洁美丽，中小城市也是干净宁静。像布列斯特、莫吉廖夫、格罗德诺、戈梅利和维捷布斯克等省会城市，都是各有特点，风格迥异。甚至位于农村的小镇，也是清洁有序。家家户户窗明几净，阳台或窗台上摆着鲜艳的盆花，芳香扑鼻。

因此，如果说"白"即清洁，说"白"是白俄罗斯的最大特点，是一点也不为过的。

五、保护"欧洲之肺"

白俄罗斯的另一个特点就是"绿"。去过白俄罗斯的中国人，常对这个国家的森林之多而感慨。在20.76万平方千米的领土面积上，森林覆盖率高达35.5%，在独联体国家中仅次于俄罗斯，居第二位。

为了保护森林，白俄罗斯设立了别列津诺、普里皮亚茨、布拉斯拉夫、纳拉奇、别洛韦日等五个国家公园和自然森林保护区。除了普里皮亚茨外，其他四个自然保护区我有幸都去过，深深地为它们的树林茂盛、动物和植物资源丰富以及风景优美而感到震撼。从明斯克到纳拉奇湖这个白俄罗斯"万湖之国"中最大的湖，沿途百余千米森林连绵，郁郁葱葱；在别列津诺，一条古老的河缓缓流淌，令人不由得抒发念古之幽思；布拉斯拉夫既是个大森林，又是一个大湖群，有一些小岛屿和湿地连接，景色非常优美。特别是站在湿地中的白俄罗斯第二高峰——灯塔山上俯视森林和湿地时，但见白桦树亭亭玉立，红松树笔直挺拔，翠绿的橡树郁郁葱葱，白鹳和野鸭在水面或芦苇丛里嬉戏，白天鹅在湖中游弋，还有几座红色和白色的天主教教堂耸立在湖畔……这种美景吸引了大量游客，令他们流连忘返！在森林里还建造有许多休养所或疗养院，数以万计的人们在那里休息疗养，其乐无穷。由于价格比较便宜，很多俄罗斯人和北欧国家的人喜欢来这里度假。

◆ 白鹳——白俄罗斯的国鸟

　　最著名的要数别洛韦日森林公园，到 2010 年秋，它已经建立 600 周年。1165 平方千米的面积，使它成为欧洲最大的原始森林之一。由于与波兰的比亚沃维那扎国家公园连在一起，森林规模更显宏大。欧洲最大的哺乳动物——野牛在森林里繁育成长。历史上这里曾是沙俄和波兰的君主贵族狩猎场，苏联领导人赫鲁晓夫和勃列日涅夫也经常来此打猎。又因该森林地处欧洲地理中心，所以素有"欧洲之肺"之称。在别洛韦日森林旅馆住过的中国客人都说那里的空气特别清新，有一种甜滋滋的味道。林中的动植物博物馆和民俗博物馆、动物园、"圣诞老人之屋"等，展现了别洛韦日原始森林的历史和现状。正是在该森林中被称为"维斯库利"的政府别墅里，俄罗斯、白俄罗斯和乌克兰领导人于 1991 年 12 月 8 日签署了关于苏联解体的协定，向全世界宣告"苏联作为国际法主体和地缘政治实体已终止存在"。因此，很多到白俄罗斯的外国人，都想去别洛韦日游览参观。

　　白俄罗斯政府采取一系列措施保护这片森林，对防火、狩猎、游览有非常严格的规定，自驾车不能入内，但是游客可以租自行车在森林里游玩。

　　茂密的森林不仅为人们提供了丰富的林业资源，而且有效地调节了白俄罗斯的气候，净化了白俄罗斯的空气。也正是因为拥有枝繁叶茂的大森林，白俄罗斯才有众多的湖泊。全国共有 1.8 万个大小湖泊，有"万湖之国"的美称。白俄罗斯的国旗红色占三分之二,绿色占三分之一,这绿色象征的就是森林和水。

在保护森林的同时,白俄罗斯还十分重视城市绿化。在首都明斯克,就有森林公园、植物园等几十个公园。2009 年夏,当访问白俄罗斯的时任国务院副总理回良玉登上明斯克国家图书馆楼顶,俯瞰周围大片大片翠绿的森林时,情不自禁地赞叹,白俄罗斯发展林业和绿化的经验值得我们借鉴。

中国驻白俄罗斯使馆一位从园艺学校毕业的工作人员说,明斯克市的园林艺术十分讲究,特别是树木栽培和修剪技术高超。较多地种植了花期长、花朵大的野栗子树,每年四五月份,当白色和粉红色的栗子花盛开时,满城飘香,沁人心脾。丁香花也是白俄罗斯人十分喜爱的一种鲜花,全城到处都是。尤其是植物园里的丁香花,居然多达几百种,姹紫嫣红,繁花似锦。

白俄罗斯政府不仅对森林管理和保护制定了严格的政策,而且对城市绿化也有一系列规定。2006 年夏天,一场飓风摧毁了明斯克市内数百棵树木,政府马上下令如数补种。中国驻白大使馆院内修建车库,有几棵大树需要锯掉,但按规定只有在报经明斯克市政府有关部门审批后才能作业,并且要求使馆另植几棵新树作为弥补。

白俄罗斯人崇尚清洁和绿色是相互联系的。如果没有森林和绿化,也就没有国家和城市的清洁与卫生;而如果没有清洁与卫生,白俄罗斯也就不姓"白"了。

六、丰富的名胜古迹

在白俄罗斯工作和生活的 6 年期间,我几乎遍访了这个国家的主要名胜古迹,有的地方甚至去过多次。

首都明斯克最主要的街道是独立大街。这条大街历史上曾多次易名,反映了当时的历史背景:从列宁大街到斯大林大街,又从斯卡林纳大街到独立大街。现在的名称是 1991 年 12 月白俄罗斯取得独立后确定的。在独立大街上有三个大的广场—— 独立广场、十月广场和胜利广场。一条大街连接三个广场，好似一串糖葫芦。

独立广场一侧是白俄罗斯共和国政府大楼和国会大厦，门前矗立着列宁雕像，广场对面是明斯克市政府大楼。

◆ 白俄罗斯政府大楼和国会大厦

◆ 十月广场上的共和国宫

◆ 十月广场右侧的工会文化大厦

◆ 白俄罗斯总统府

十月广场再往前走，就是胜利广场，胜利纪念碑高耸入云，长明火永恒不息。

明斯克分为上城和下城。圣灵东正教大教堂是上城的核心，旁边是明斯克旧的市政厅、国家音乐学院、欧洲大饭店。再旁边是面积比较小的自由广场，广场对面是圣母玛利亚天主教主教堂。

下城有著名白俄罗斯诗人马克西姆·巴格达诺维奇纪念馆，他用白俄罗斯文创作诗歌，深受白俄罗斯人民喜爱。

◆ 明斯克胜利广场上的胜利纪念碑

◆ 马克西姆·巴格达诺维奇故居博物馆

从纪念馆往下走，一个小湖出现在眼前，它是流经市内的斯维斯洛奇河所形成。一条栈道连接泪岛，岛中心矗立着纪念在阿富汗牺牲的白俄罗斯战士的纪念碑。

河边的胜利大街是明斯克市内的第二大街，白俄罗斯饭店、胜利饭店坐落在河畔。2014 年 7 月 2 日，白俄罗斯解放 70 周年前夕，伟大卫国战争历史博物馆从十月广场旁边的旧址迁移到这里，对外开放，更加宏伟。内有 14.3 万件藏品，展出面积达 3600 平方米，有 10 个主题展厅。

◆ 鲁桂成大使和夫人敬明率中国驻白大使馆人员参观伟大卫国战争历史博物馆

沿着胜利大街往前走，就是明斯克展览中心，中国驻白俄罗斯大使馆的新址就在附近。

明斯克的著名建筑还有明斯克火车站对面的地标性建筑"明斯克之门"、白俄罗斯国立大学主楼、独联体总部大楼、新的国家图书馆等等。

◆ 白俄罗斯国立大学主楼之一

◆ 白俄罗斯国家图书馆

◆ 鲁桂成大使和夫人敬明参观白俄罗斯国家图书馆

总之，这是一座古老而又年轻的城市，清洁而安宁的都市。我在那里生活了整整 6 年，与它结下深厚的感情。

我想向本书读者推荐明斯克以外的 6 条游览路线。

第一条路线：从明斯克市中心往南，在去明斯克 2 号国际机场的途中就会看到光荣岗纪念碑。1944 年 6 月 22 日，巴格拉季昂行动开始，白俄罗斯第一、第二、第三方面军和波罗的海方面军，以及波兰部队第一军在这里汇合后，开始向明斯克进攻。当时苏联红军已经占有优势：红军与德国军队的坦克是 6∶1，飞机 4∶1，作战兵力 2∶1。光荣岗纪念碑就是为了纪念此解放战役而建的。状如 4 把刺刀的纪念碑象征四个方面军，直插云天。沿着一条弯曲的小路可以一直登上山岗。俯视四周，风景如画。纪念碑下方还陈列着二战期间的大炮和坦克，供游人参观。

◆ 光荣岗纪念碑与前面的小湖

离开光荣岗继续南行，可以直达鲍里索夫市。1127 年，波洛茨克大公鲍里斯·弗塞斯拉维奇建立此城。城内有建于 1874 年圣复活大教堂,这是白俄罗斯最漂亮的教堂之一。鲍里索夫市水晶厂生产水晶器皿,如果你喜欢水晶制品,可以购买一些作为纪念或馈赠亲朋好友。

◆ 鲍里索夫市的圣复活大教堂　　　　◆ 鲍里索夫市水晶厂的产品

　　从教堂出发,可以去市内参观介绍打败拿破仑战役的博物馆,然后再去别列津纳河畔拿破仑的"滑铁卢",即沙俄军队彻底打败拿破仑的古战场。在叫作"斯图杰恩基"的村子里,建有纪念这场卫国战争的"炮兵连"纪念碑。在"布里廖夫战场",有纪念俄军和法军的多座纪念碑。在别列津纳河畔,还有拿破仑曾经驻扎的指挥所。

　　1812 年 6 月 12 日,45 万拿破仑军队从波兰进入白俄罗斯,7 月大多数白俄罗斯领土即被占领。8 月 26 日在莫斯科郊外发生了博罗金诺战役。为了保存军队,俄军元帅库图佐夫下令放弃莫斯科城。但是,到了 10 月 7 日,拿破仑就开始从莫斯科撤退。10 月 23 日,俄罗斯军队攻克波洛茨克,10 月 26 日攻克维捷布斯克。11 月 4 日拿下明斯克。11 月 9 日又攻占鲍里索夫城,截断了拿破仑军队的退路。11 月中旬,在斯图杰恩基发生了激烈的战斗,法军伤亡 2 万人,拿破仑穿着波兰军官的服装逃回巴黎。12 月,约 3 万名法军士兵仓皇撤出白俄罗斯。

◆ 打败拿破仑战役纪念碑

◆ 1812 年拿破仑撤离俄国时的渡口
纪念碑

◆ 沙俄元帅库图佐夫指挥所遗址

现在，每年 11 月，白俄罗斯都要举行各种活动，纪念战胜拿破仑侵略军的别列津纳战役。

第二条路线：从明斯克市区去明斯克海。说是"海"，实际上是一个湖，更准确地讲，是一个水库，建于 1956 年。这是明斯克市民最喜欢去的地方之一，在那里可以游泳、划船、烧烤，或者散步等。

◆ 在明斯克海乘坐游船

离开明斯克海,可以径直去扎斯拉夫尔古城。这是白俄罗斯最古老城市之一,比明斯克、鲍里索夫的历史都早。

据史书记载,基辅公国大公斯维亚托斯拉夫的儿子弗拉基米尔在诺夫哥罗德当大公,看中了波洛茨克公国大公的女儿罗格涅塔,托人去说媒,却被拒绝,因为她看中的是弗拉基米尔之兄雅罗波尔克。弗拉基米尔派人抓了罗格涅塔,并强迫成亲。几年后,罗格涅塔找到机会,趁弗拉基米尔熟睡之际,手持利剑要杀他。这时弗拉基米尔突然惊醒,罗格涅塔的剑从手中掉了下来。弗拉基米尔一反常态,并没有杀罗格涅塔,而是把她流放到扎斯拉夫尔。就这样,罗格涅塔和5岁的儿子一起来到扎

◆ 扎斯拉夫尔历史博物馆

斯拉夫尔，当时那里是一片森林。她在那里修建了一个修道院，成为该修道院的第一个修女，直到公元 1000 年去世。1127 年，基辅大公姆斯季斯拉夫去波洛茨克时，曾路过此。后该地一度曾归属立陶宛。16—17 世纪在这里建造了主显圣容教堂，是明斯克周围最著名的教堂之一。在扎斯拉夫尔，矗立着一尊纪念罗格涅塔及其儿子的雕塑。此外还有一座扎斯拉夫尔历史博物馆以及由 19 世纪的蒸汽磨坊、大客店和一些木建筑组成的民俗博物馆。

◆ 讲解员生动讲解扎斯拉夫尔历史

◆ 扎斯拉夫尔民俗博物馆内的展品

◆ 扎斯拉夫尔的主显圣容教堂

◆ 扎斯拉夫尔的文化活动站

从扎斯拉夫尔向前行驶十余千米，就到了"斯大林防线"，那里不仅可以参观 20 世纪 30 年代的机关枪和火炮掩体，而且可以看到二次世界大战以来苏联使用的先进武器，从坦克、高射炮到各种战斗机和导弹。

◆ "斯大林防线"的碉堡

◆ 在"斯大林防线"展出的导弹

◆ 在"斯大林防线"展出的战斗机

从"斯大林防线"往前行不远,就到了白俄罗斯著名诗人扬卡·库帕拉
(1882—1942 年)的故居博物馆。库帕拉原名伊万·鲁采维奇,"扬卡·库
帕拉"是他的笔名,因为他非常喜欢斯拉夫民族的仲夏传统节日伊万·库帕
拉节。他是主要用白俄罗斯语写作的人民诗人,1941 年获斯大林奖金。

◆ 扬卡·库帕拉故居前的诗人雕像

◆ 扬卡·库帕拉故居内部

第三条路线：从明斯克西行，出了大环公路，就是"鸟湖"，这里是白俄罗斯运动员的"滑水基地"，也是明斯克居民休息和游泳的好去处。

◆"鸟湖"里的野鸭

然后西行约90千米，就到了米尔城堡。

最早提及这个城堡是在1395年。1434年立陶宛大公凯斯图托维奇将城堡赠给自己的宠臣格德戈尔多维奇。1486年转归伊尔伊尼奇，16世纪初他重新修建此城堡。1555年起，该城堡成为米尔伯爵领地的中心。1568年伊尔伊尼奇去世后，城堡归属他的亲戚拉吉维拉。1579年该城堡获得"马格德堡权利"。1787年该城堡被出租给茨冈人居住。1921—1939年该城堡属波兰版图。2000年米尔城堡被联合国教科文组织列入世界遗产名录。

◆ 米尔城堡

◆ 米尔城堡附近小镇的教堂

从米尔城堡往前行驶十多千米，就是诺沃格鲁多克。该城建于 10 世纪末，也有材料说建于 1116 年，曾先后遭鞑靼人和十字军进攻。13 世纪下半叶属立陶宛大公国。立陶宛大公国议会曾三次在此开会。立陶宛大公国东正教大主教曾在此居住。1535 年俄罗斯占领此城。1700—1721 年北方战争期间，该城几乎被毁。

城里最著名的景点是波兰著名诗人亚当·密茨凯维奇故居博物馆。1807—1815 年密茨凯维奇曾在此学习。后来他写出了对欧洲文学具有重要影响的诗剧《先人祭》和长篇叙事诗《塔杜施先生》。

诺沃格鲁多克市内有一个人造的山岗，旁边矗立着密茨凯维奇的全身雕像。

◆ 密茨凯维奇雕像

◆ 密茨凯维奇故居博物馆

山岗对面是一个古城堡，中央是一个大操场。每逢周末，就有一些年轻人穿着古时的戏装，手持盾牌和刀剑，为游人进行表演。值得注意的是，历史上诺沃格鲁多克几经易手，波兰、立陶宛和俄罗斯都先后占领此地。1920—1939 年诺沃格鲁多克还属于波兰，1939 年二战爆发后苏联出兵占领。

从诺沃格鲁多克往南走，就到了涅斯维日，早先这里属于尤里·涅斯维日大公。1223 年涅斯维日大公去世，此年被确定为涅斯维日的建城年。1492 年，美丽、富贵而聪颖的阿娜嫁给贵族扬·拉吉维拉，从此该城迅速发展繁荣，在立陶宛、波兰和乌克兰都颇有影响，有"小华沙"甚至"小巴黎"

之称。白俄罗斯著名作家雅库布·科拉斯就是在此城市的学校毕业的。诗人博格达诺维奇的父亲也在此毕业。但在后来的战争中，涅斯维日惨遭瑞典、拿破仑和德国法西斯军队占领和毁坏。

如今，经过多年修整，这里不仅有一个美丽的大湖，而且有一个天主教大教堂和富丽堂皇的城堡宫殿。城堡宫殿周围是一个大公园，白俄罗斯历史上的一些名人石雕矗立在公园林荫道的两侧。2005 年，包括涅斯维日城堡在内的涅斯维日的拉济维乌家族城堡建筑群被联合国教科文组织列入世界遗产名录。

◆ 涅斯维日城堡

◆ 涅斯维日镇的教堂

从涅斯维日向西前行，就到了白俄罗斯西部重镇布列斯特。布列斯特，其名称来自白俄罗斯语"别列斯塔"，意为"白桦树"，建于 1017 年。1319 年属立陶宛，15—16 世纪是立陶宛重镇之一，后归波兰，1795 年归俄国，1919 年又归波兰，1939 年归白俄罗斯。这个城市曾经发生过三个重大历史事件。第一个事件是 1919 年签署《布列斯特和约》。第二个事件是 1941 年 6 月 22 日凌晨 3 时 15 分，德国法西斯从这里开始侵略苏

◆ 别洛韦日森林里的孩子们

联。当时在布列斯特要塞里居住着 300 户家庭，有 3500 个战士守卫，他们表现了可歌可泣的英勇气概。第三个事件就是 1991 年 12 月苏联解体。距离市区十多千米的别洛韦日森林，总面积为 14.5 万公顷，是欧洲最大、最古老的原始森林保护区，被联合国教科文组织列入世界自然遗产名录。1991 年 12 月 8 日，俄总统叶利钦、乌克兰总统克拉夫丘克和白俄罗斯领导人舒什凯维奇在此签署了《关于成立独立国家联合体的协定》（《别洛韦日协定》）。

◆ 别洛韦日博物馆的野牛标本

　　从布列斯特回明斯克的路上，如果你对陀斯妥耶夫斯基的家族历史感兴趣，还可以去平斯克市参访他祖先的遗址——陀斯妥耶沃村。

　　第四条路线：从明斯克出发向西北方向而行，十余千米就到了拉乌比奇高山滑雪场，这是白俄罗斯最早的高山滑雪场。再往前就到了西里奇滑雪场，它是一座建在人造山丘上的现代化的滑雪场，白俄罗斯冬季主要的冰雪赛事都在这里举行。从西里奇继续前行，就到了洛戈伊斯克综合游乐场，除了高山滑雪场，这里还有一个小湖，可以划船。一些民间艺术团体经常在这里演出。特别是每年冬末春初的谢肉节，这里都举行盛大的庆祝活动。谢肉节最后一天要把用布扎起来的"布人"烧掉，象征着送走冬天，迎来春天。

◆ 西里奇滑雪场

◆ 西里奇练马场

从洛戈伊斯克沿着高速公路继续前行，在离明斯克市中心 50 多千米处，就是哈丁村遗址。如果时间充裕，从哈丁村可以径直前往白俄罗斯的文化名城维捷布斯克，它是维捷布斯克州的首府，被称为白俄罗斯"文化之都"。每年 7 月中旬，白俄罗斯，甚至东斯拉夫国家最盛大的文化活动之一——"斯拉夫巴扎"国际艺术节在这里举行，连续七天唱歌跳舞，通宵达旦，十分热闹。俄罗斯、乌克兰等斯拉夫国家的艺术家们纷纷前来参加表演，表演出众者分别获得青年歌手奖和少年歌手奖。

◆ 维捷布斯克"斯拉夫巴扎"国际艺术节主场馆

所谓"巴扎"，就是集市。在艺术节期间，这里每天都有集市，既有民间艺术表演，也有各种民间手工艺品出售。

◆ 维捷布斯克市街景之一

◆ 维捷布斯克市街景之二

◆ 市场上的木制手工艺品

◆ 市场上的陶瓷制品

在维捷布斯克市内有被当地人称为"欧洲最大的广场"的英雄广场、"斯拉夫巴扎"艺术节剧场、钟楼、城市博物馆等建筑。世界著名画家夏加尔故居博物馆和位于西德维纳河河畔的列宾庄园博物馆,是非常值得一看的地方。

◆ 列宾庄园博物馆

◆ 作者和列宾雕像

从维捷布斯克返回明斯克，你可以不走原路，而绕道白俄罗斯最古老的城市波洛茨克，它也是斯拉夫国家最早的城市之一。据有文字记载的历史，它建于公元862年。公元980年，诺夫哥罗德大公弗拉基米尔进攻波洛茨克，罗戈沃洛德大公被杀害，其女儿罗格涅塔成为弗拉基米尔的妻子之一，波洛茨克被并入基辅罗斯版图。

◆ 用水塔改造的生态博物馆

◆ 郊外的圣叶夫罗斯涅夫斯基修道院

10 至 13 世纪，波洛茨克是波洛茨克公国的中心。11 世纪建的白色建筑——圣索菲亚大教堂是世界东正教的 6 个圣索菲亚大教堂之一（其他 5 个分别建在土耳其的伊斯坦布尔、乌克兰的基辅、保加利亚的索菲亚、俄罗斯的诺夫哥罗德和中国的哈尔滨）。圣索菲亚大教堂旁边的音乐厅里有一个漂亮的管风琴，是欧洲最古老的管风琴之一，现在仍经常演奏。1307 年以后波洛茨克属立陶宛大公国，1654—1667 年俄罗斯打败波兰立陶宛联合王国后，占领了此地。波洛茨克还是白俄罗斯文字的创造者斯科林纳的家乡，设有斯科林纳博物馆，陈列着他的雕像和印刷设备。此外，郊外圣叶夫罗斯涅夫斯基修道院也是值得一去的地方。

特别要指出的是，波洛茨克被白俄罗斯人认为是地理上的欧洲中心。在该市中心，有一个欧洲地理中心的标记，参观者可以领到一张纪念卡，上面写着，"你于某年某月到达了欧洲地理中心"。

第五条路线：在明斯克去维尔纽斯的公路上，在离明斯克 40 多千米处有伊维亚茨基镇，该镇有天主教和东正教的三个不同教堂，非常精致。再往前行驶十余千米，就到了捷尔任斯基故居。从伊维亚茨基还可以去白俄罗斯境内的最高点——海拔345米的捷尔任斯克山。由于这里的地势是平缓向上，最高点并非陡直突兀或悬崖峭壁，如果你稍不注意，就可能路过最高点却没有发现它。

◆ 白俄罗斯的最高峰——海拔345米的捷尔任斯克山

◆ "我登上了最高峰！"

白俄罗斯是"万湖之国"，其中面积超过0.5平方千米的湖泊有470个。从捷尔任斯克山继续前行，可以到达白俄罗斯最大的湖——纳拉奇湖。

◆ 纳拉奇湖畔的孩子

纳拉奇糊的面积为79.6平方千米，风光旖旎。这里也是白俄罗斯最大的疗养胜地之一，每逢夏日，游人络绎不绝，或乘游船和快艇在湖中游览，或手持鱼竿在湖畔垂钓，或坐在岸边的酒吧里喝着啤酒，品尝着刚从湖里打捞起来的鱼虾。凉风习习，景色宜人，令人心旷神怡，流连忘返。而到了冬天，这里又是另外一番景象。在松树林中漫步、滑雪、溜冰、开电动雪车，其乐无穷。由于这里空气清新，环境优雅，疗养院、宾馆和酒店的费用较低，冬季很多人从俄罗斯、北欧、波兰等地来到这里小住一段时间，不提前预订很难入住。

第六条路线：从明斯克去自然保护区——布拉斯拉夫湖区，这是一条不大为人注意，但是非常优美的路线。你可以首先去莫萨尔天主教教堂和公园参观游览。如果在春夏季节去，还可以看到白俄罗斯最重要的动物、白俄罗斯象征之一的国鸟黑鹳与人们和谐相处的场景。

◆ 纳拉奇湖区的冬季是另一番景色，"白俄罗斯"疗养院银装素裹，是休闲和滑雪的好去处

◆ 布拉斯拉夫湖区的灯塔山　　　　◆ 从灯塔山上俯瞰湖景

◆ 白俄罗斯第二高建筑——布拉斯拉夫湖区的　　◆ 教堂内景
　 天主教堂

　　到达湖区，星罗棋布的湖泊，高低起伏的丘陵，旖旎深翠的森林，沁人心脾的空气，都是这个国家公园最大的特色。你可以攀登白俄罗斯第二高峰——灯塔山，从山顶亭子俯瞰周围，湖泊如翡翠镶嵌在林地之间，流光溢彩，美不胜收。如果是秋天，更是色彩斑斓，层林尽染。

除了上述 6 条路线外，你还可以去格罗德诺、戈梅利、莫吉廖夫等城市游览。格罗德诺位于白俄罗斯西北部，在涅曼河上著名的"奥古斯托夫运河"乘船游览，非常惬意。1930 年前此城内曾有 100 多座犹太教堂，现在则是白俄罗斯天主教主教所在地，教堂的大钟是欧洲最早的钟之一。城中建于 12 世纪的卡洛日教堂已被联合国教科文组织列入世界遗产名录。

◆ 灯塔山附近的天主教堂

◆ 格罗德诺市体育馆

◆ 卡洛日教堂

位于白俄罗斯东南部的戈梅利城则以鲁缅采夫宫殿及索日河著称。苏联外长葛罗米柯（曾连续担任苏联外长 28 年）、世界顶尖的战斗机之一苏霍伊的设计师苏霍伊都出生于戈梅利。

白俄罗斯东部的莫吉廖夫城建于 1267 年。彼得大帝率军同瑞典打仗时，这里曾是鏖战之地。至今，在"森林村"仍可看到宏伟的"北方战争纪念碑"和钟楼，以纪念 1708 年彼得大帝亲自指挥对瑞典人的一次战争胜利。

◆ 莫吉廖夫州森林村的"北方战争纪念碑"

◆ 莫吉廖夫州政府大楼

◆ 莫吉廖夫是白俄罗斯总统卢卡申科的家乡,作者在卢卡申科曾就读的学校前留影

在莫吉廖夫市内，一座由红砖砌成的话剧院十分吸引人们的眼球。剧院前面有一个"带小狗的女人"雕塑，取材于契诃夫的短篇小说。

◆ 莫吉廖夫话剧院

◆ 莫吉廖夫市的"肖像画之路"，路的两侧是介绍莫吉廖夫
众多英雄人物的图片和说明

再往前走，就到了苏维埃广场，它的地势很高，从这里可以俯视城外景色。离广场烈士纪念碑不远处，是莫吉廖夫地方志博物馆。据说第一次世界大战期间，末代沙皇尼古拉二世视察前线军队时，曾在这里下榻。

◆ 莫吉廖夫地方志博物馆

在城郊的"布伊尼奇战场"纪念地，耸立着东正教教堂和武器陈列馆。在高射炮、坦克等二战期间的旧式武器旁边，是苏联著名战地记者兼作家西蒙诺夫的骨灰纪念石。他的诗歌《等着我吧》，在俄罗斯几乎家喻户晓。

◆ 西蒙诺夫的骨灰葬于此地

◆ "布伊尼奇战场" 纪念地

　　总而言之，白俄罗斯是一个非常值得去参观、旅游和度假的国家。安排七至十天甚至半个月的行程，恐怕还看不完上述景点，何况还有首都明斯克的名胜古迹以及本文没有来得及列举的那些旅游和休假胜地呢！

　　（本文原载于《中国人看白俄罗斯》，新华出版社 2013 年 10 月版。）

白俄罗斯把美女当国宝

2005 年年初，白俄罗斯总统卢卡申科一语惊人，他称白俄罗斯美女是"国家的战略资源"。"我国的美女流失到西方是一大损失，有损国家尊严，我们决不允许年轻姑娘成为被贩卖的对象。白俄罗斯的美女没必要到国外去，她们在国内有足够的发展空间。"

白俄罗斯美女果真是国家的战略资源吗？为什么白俄罗斯会涌现这么多美女？政府又是如何保护的？

一、"最美丽的风景线"

近十年来，白俄罗斯美女在国际选美大赛及模特大赛中取得了骄人成绩，蜚声世界：2003 年马拉申科娃获"世界旅游小姐"称号；2004 年杜金斯卡娅获"世界小姐"亚军，宾达索娃被评为"欧亚小姐"，杰米亚诺娃荣膺"国际网络小姐"；2006 年多曼科娃在纽约举行的"2006 年世界超级模特大赛"中摘得桂冠；2007 年阿尼斯科娃在"福特世界超级模特比赛"中获得金奖；2008 年 12 月希任科娃代表白俄罗斯参加在南非举行的世界选美比赛，虽未进入前三名，但是其高挑而匀称的身材、高雅的举止、卓越的

◆ 模特表演

◆ 服装表演

气质给评委和观众留下深刻印象；2011年7月，兰斯卡娅在维捷布斯克举行的"斯拉夫巴扎国际音乐节"上以一曲《白色的小燕子》荣登榜首。

这些白俄罗斯美女都有"魔鬼"般的身材，身高一般在1.8米左右，其中获得2008年度"白俄罗斯小姐"比赛第一名的轻工业专科学校学生希任科娃身高1.84米，体重63千克。她们天生丽质，皮肤白皙，金发披肩，容貌端庄，眼睛水灵，举止得体，风姿绰约。

美女在白俄罗斯绝非凤毛麟角，而是比比皆是。一位从中亚国家辗转到驻白俄罗斯使馆工作的外交官说，中亚多美味水果，如哈密瓜、樱桃、西瓜、葡萄，好吃又便宜。而白俄罗斯的独特之处是美女如云，温文尔雅，含蓄深沉，腼腆羞涩，眼睛里闪烁着善良和智慧的光芒，投足举手恰到好处，令人赏心悦目。

中国中央电视台一位摄像记者访问白俄罗斯，在明斯克大街上拍摄姑娘拍得着了迷，说："要是我还没有结婚，一定娶一个白俄罗斯姑娘回去。"内蒙古一个代表团把白俄罗斯美女称为明斯克市"最美丽的风景线"。近十多年来，在白俄罗斯留学的中国男生中还真有一些娶了白俄罗斯姑娘。

◆ 女模特

◆ 维捷布斯克艺术节的志愿者

◆ 白俄罗斯民族舞蹈

二、白俄罗斯姑娘何以如此美丽？

一般认为，至少有三个原因。

第一，天生丽质，遗传基因。白俄罗斯民族是东斯拉夫 3 个民族（俄罗斯、乌克兰和白俄罗斯）之一。公元前 7 世纪至 4 世纪，有 3 个强悍的东斯拉夫部族——克里维奇人、德列戈维奇人和拉季米奇人在白俄罗斯逐渐定居，被视为白俄罗斯人的祖先。有一种说法是，白俄罗斯之所以"姓白"，是因为这个民族没有被蒙古鞑靼占领和统治过，其东斯拉夫的血统是最纯正的，这里的"白"是"纯洁"之意。

然而，也有专家认为，白俄罗斯姑娘之所以美丽无比，除了遗传基因外，还得益于这个国家 80 多个民族间的通婚和融通。现在白俄罗斯 960 多万人口中，白俄罗斯族占 81%，俄罗斯、乌克兰、波兰、犹太等民族共占 19%。

第二，地理因素，尤其是水和森林的养育。白俄罗斯地处东欧平原，位于东方俄罗斯和西方波兰之间，属欧洲中心地带，在古城波洛茨克设有"欧洲地理中心"的地标物。河湖港汊众多，有"万湖之国"的美誉，森林覆盖占国家领土面积的 35.5%之多，空气清洁，环境污染极少。生活在这种环境里，身心愉悦，自然气质不凡，端庄得体。

第三，文化教育程度高，富有艺术气质。在独联体国家中，白俄罗斯妇女受教育程度较高，名列前茅。2010 年，在国家各级管理部门工作人员中，女性占 67.4%，其中 54.6%的女性受过高等或中专教育，而男性只有 37.1%受过高等或中等教育。60%的白俄罗斯女性会讲英语，63%的女性会讲德语。在商业、公共饮食、文化、财政、金融、保险、教育、医疗卫生等领域，女性就业的比例分别占到 74%至 86%。女性在中小学教师中占 85.3%，在校长中占 82.6%。目前在校大学生中有 59%是女大学生。女生从小就受到舞蹈和文艺等方面的训练。在 1998 年以来每两年举行一届的"白俄罗斯小姐"比赛中，夺得桂冠的几乎都是 18 至 25 岁的在校大学生或大学毕业生。

◆ 白俄罗斯女大学生

三、"保护美女"

20 世纪 90 年代,由于苏联解体后经济体系遭到破坏,新独立的白俄罗斯经济十分困难,人民生活水平急剧下降。许多国际知名的模特公司争先恐后用数百万美元的合同签约"白俄罗斯小姐",还有一些犯罪集团把大批白俄罗斯美女拐卖到西方国家,白俄罗斯一度出现了"美女出口"现象。于是就发生了本文开头所说的卢卡申科总统决定向"美女出口"现象"宣战"的一幕。卢卡申科强调,所有人都应该保护女性。白俄罗斯是世界上为数不多的、以拥有数量众多美女而著称的国家之一。他授权总统办公厅主任舍伊曼负责整顿广告和模特市场,展开一场"美女保卫战"。美女是白俄罗斯"国家的战略资源",应受到"特别保护",任何一个想出国当模特的白俄罗斯姑娘,都需要得到政府的书面批准。否则,这些美女以及将她们"出口"到国外的模特公司都将受到重罚。

为了保护美女，当选"白俄罗斯小姐"的选手不仅可得到数目可观的奖金，而且根据白俄罗斯政府规定，还享受一系列优厚待遇。例如，主办选美活动的白俄罗斯国立艺术学院须与"白俄罗斯小姐"签署合同，组织她们参加国际选美比赛。进入决赛的美女代表白俄罗斯参加"欧洲小姐"比赛，获得"白俄罗斯小姐"称号的美女则参加"世界小姐"大赛（获得 2010 年"白俄罗斯小姐"称号的柳德米拉就参加了在中国海南省三亚市举行的"世界小姐"选美大赛）。获胜的美女可获得接受白俄罗斯媒体采访，在电视台拍摄节目，参加国家独立日、5 月 1 日国际劳动节、5 月 9 日卫国战争胜利日、总统举行的各种招待会以及老战士日活动和大学生毕业晚会等的机会。白俄罗斯国立艺术学院还安排"白俄罗斯小姐"在模特公司等单位工作。为了保证参加上述活动，"白俄罗斯小姐"两年内不准结婚生子。2009 年白俄罗斯姑娘结婚的平均年龄为 24.2 岁，平均生育年龄为 27.1 岁。"白俄罗斯小姐"们希望通过参加各种活动，寻找工作机会并为自己的未来奠定基础，因此，欣然同意两年内不结婚这条规定。

白俄罗斯女性不仅楚楚动人，而且勤俭持家，性格坚强，吃苦耐劳。比如在国际体育比赛中，白俄罗斯姑娘的成绩远远超过白俄罗斯男子。叶卡捷琳娜是连续两届奥运会赛艇冠军。在 2004 年雅典奥运会上，涅斯捷连科夺得女子百米冠军。在 2008 年北京奥运会上，缅科娃勇夺链球冠军。在 2011 年上海世界游泳锦标赛中，赫拉斯梅尼亚勇夺 100 米自由泳冠军。

白俄罗斯女子美丽能干，平均寿命 75 岁。但很多白俄罗斯男性却因酗酒而早亡，平均寿命只有 63 岁。到 2009 年 1 月 1 日白俄罗斯女性人口为 516 万，占全国人口的 53.4%。男女比例失衡，致使不少白俄罗斯女性面临婚恋难题，甚至因此产生了把白俄罗斯女性拐卖到西方的现象。2005 年 9 月，白俄罗斯总统卢卡申科在联合国大会上呼吁开展打击拐卖妇女的斗争。仅 2008 年，白俄罗斯内务部就破获了 59 起向 10 个国家拐卖白俄罗斯女性的案件，破获了 7 个国际有组织犯罪集团，拯救了 591 名女性。

与此同时，白俄罗斯内务部对那些迎娶白俄罗斯美女的外国人进行监管。一旦发现有欺负白俄罗斯妻子的行为，就进行干预，甚至促使离婚，把外国男性驱逐出境。例如，一个 18 岁的阿富汗男子娶了 30 岁的白俄姑娘，还有一个 22 岁的越南小伙娶了 46 岁的白俄姑娘，婚后经常虐待她们，遭到白俄罗斯内务部警告。一个也门男子与白俄罗斯姑娘结婚后不久，因宗教信仰和生活习惯不同，两人离异。但他仍然经常到前妻家骚扰，被警察局警告。还有一个阿塞拜疆男子与白俄罗斯姑娘结婚后殴打妻子，多次被起诉。据《明斯克晚报》报道，2010 年，白俄罗斯当局允许 621 名外国人与白俄罗斯姑娘结婚并在白居住，但到年底就有 155 人被取消居住权。

虽然白俄罗斯政府试图解决"美女出口"问题，但并没有禁止女性出国。实际上每年还是有不少女性去国外工作或与外国人结婚。2009 年在国外工作的白俄罗斯公民中有 48.2% 是女性，其中前往国家人数最多的是俄罗斯和美国，分别为 1188 名和 1163 名，其次是意大利、德国和土耳其。近年来，越来越多在中国留学的白俄罗斯女大学生希望同中国小伙结婚，因为她们认为中国男生性格温和、不酗酒、会做家务，而且中国的物质生活日益改善，具有更美好的发展前景。

（本文原载于 2011 年 12 月《环球时报》。因版面所限，当时删掉一些内容。此次收录于本书时，作者恢复了原文。）

白俄罗斯核辐射生态保护区探秘

　　切尔诺贝利核事故 25 周年前夕，我走进切尔诺贝利以北 40 千米的白俄罗斯波列斯基核辐射生态保护区（又名"无人区"），探究核辐射对人类、动物和植物世界的影响究竟有多大。

　　去这个核辐射生态保护区之前，有人对我说，由于遭受核辐射污染，保护区内已是鸦雀无声、蚊蝇无踪的"死亡区"。也有人说，因受高辐射刺激，那里的树木长得格外高大、异常翠绿，老鼠有小猪那么大，河里的鱼也特别肥大。

　　那么，核辐射生态保护区的情形究竟如何呢？

　　2011 年 4 月 22 日，我从白俄罗斯首都明斯克驱车 350 千米，来到与乌克兰接壤的戈梅利州霍伊尼基区。

◆ 戈梅利州霍伊尼基区举行纪念切尔诺贝利核事故 25 周年大会

◆ 霍伊尼基区举行"切尔诺贝利核事故的后果及影响"国际研讨会

接着又行驶十千米，来到神秘的波列斯基核辐射生态保护区。

"波列斯基"在俄语里是"沿着森林"的意思，这一带是白俄罗斯著名的自然风景区。

核辐射生态保护区主任彼得·库德恩在保护区入口处检查了白俄罗斯紧急情况部消除切尔诺贝利核事故后果总局发给我的"特别通行证"，知道我是中国人，便高兴地带我参观"无人区"。

◆ 霍伊尼基村封闭的核事故灾区

1986 年 4 月 26 日切尔诺贝利核电站爆炸后，由于风向北刮，核电站泄露的放射性物质有相当大部分落在乌克兰以北的白俄罗斯境内。而飘落在白俄罗斯的放射性物质中，30%的铯-137、73%的锶-90 和 90%的钚降落到戈梅利州霍伊尼基、纳罗夫良和布拉金斯 3 个区。10 余万居民在 12 个小时内紧急撤离，美丽富饶的农村顿时变成了 2000 多平方公里的"无人区"。

1988 年 2 月，根据苏联政府的决议，建立了波列斯基核辐射生态保护区。它东西长 72 千米，南北宽 65 千米，总面积 2160 平方千米，主要目的是防止人们进入此地受到核污染，防止核辐射污染扩散到其他地区，保护此地免遭偷猎者、捕鱼者等不良分子侵入，防止森林火灾、大风、沙尘等其他自然灾害。

我问库德恩主任，现在保护区内辐射程度有多高。他马上拿出放射性物质测量仪，把它放到地面上。仪表上的数字立即飞速转动，最后在"47"微伦琴上停住，比正常的辐射程度高出 4 倍。他说，在我们行走的水泥路上，辐射程度基本正常，但在土壤表面，辐射含量为 50 微伦琴以上，保护区深处一些地方甚至高达 2000 微伦琴，长期在保护区工作的人员的健康因此受到不同程度的伤害。

我们沿着水泥路向前行走，只见一些农舍因长期废弃而颜色发黑，有的屋顶坍塌、残壁断垣，一片凄凉。

库德恩说，放射性物质的半衰期很长，镅-241 的半衰期为 432 年，钚的半衰期为 2.4 万年。波列斯基保护区很可能成为一个永久"无人区"。

人类在核辐射严重污染的地区无法生存，那么动物和植物能否生存呢？

我看到，保护区的天还是那么蓝，树还是那么绿，森林占保护区总面积的 51.1%，其中松树占 44.1%。阔叶林（主要是橡树）占 7.3%，小叶林占 45.3%。林中小鸟歌唱，野花含苞欲放。

库德恩告诉我，"无人区"内共有 1251 种植物，54 种哺乳动物，其中有野牛、熊、豹、野猪、野马等；280 种鸟，其中 54 种属于世界珍稀鸟类。此外还有 25 种鱼，主要生长在普里皮亚特河。更有趣的是，这里还有 7 万多只沼泽龟。在保护区里走路，可能一不小心就会踩到一只龟身上。

啊，这里真是一个动物的世界，植物的世界！

保护区内有一个关于切尔诺贝利核事故后波列斯基辐射生态情况的博物馆，反映了该地区的历史变化和现状。

库德恩说，保护区有 743 名工作人员，11 个入口检查处，3 个化学消防站，96 个消防蓄水池，1 个卫生站，37 个瞭望塔，其中一个瞭望塔距切尔诺贝利核电站第 4 号反应堆只有 12 千米，密切监视着核电站的动静。

◆ 霍伊尼基村核事故灾区博物馆的讲解员

保护区里还有一个由 5 人组成的科学研究中心和实验室，对辐射污染、空气、动植物等生态情况进行全面研究。

我问库德恩先生，保护区有没有计划对外开放以便吸引旅游者呢？

他说，目前保护区内辐射程度还很高，对人体危害还很大，因此暂未考虑对外开放。

（本文写于 2011 年 4 月 26 日乌克兰切尔诺贝利核事故 30 周年纪念日之际，发表于《环球时报》。）

切尔诺贝利核事故污染区变成 "死城" 了吗？

2010 年冬季的一天，冰天雪地，白雪皑皑。我们从明斯克乘车去切尔诺贝利核事故的重灾区——白俄罗斯南部的戈梅利市出差，心里很不平静。切尔诺贝利核事故发生后，有人预言："20 年后戈梅利的人们将全部死亡，戈梅利市将变成一座'死城'。"

近 25 年过去了，戈梅利城如何？那里的人们生活怎样呢？

带着这些问题，我不断地向窗外张望。

天气阴沉，气温降到零下 10 摄氏度。沿途不时地出现冰挂，晶莹剔透，一片银装素裹的景象。

但是我的思绪仍被 20 多年前的那场严重事故萦绕。

1986 年 4 月 26 日凌晨，乌克兰切尔诺贝利核电站第 4 号反应堆发生爆炸，霎时间，碘-131、铯-137、锶-90 等大量放射性物质开始泄漏。携带放射性物质的大气迅速向四周扩散，一直持续了 10 天。由于当时风向主要是往北刮，放射性的污染空气流大多沉积在乌克兰、俄罗斯和白俄罗斯土地上。据白俄罗斯官方材料说，相当大部分的辐射尘埃落在白俄罗斯境内，全国 23% 的领土、27 座城市、2646 个居民点、20% 以上的农业用地、15% 的森林被污染，占白俄罗斯总人口五分之一的 210 万人受到影响。而在白受污染最严重的就是与乌克兰毗邻的戈梅利州，其 56% 的农业用地被污染。

汽车行驶 340 千米，抵达戈梅利市。这是戈梅利州的首府，1986 年年初有 50 多万人口，现在还剩下 40 多万人。

当年核事故发生后，除了核电站周围半径 30 千米的地区被划为隔离区外，白俄罗斯全部被污染区被划分为可以住人和不能住人两个区域，每平方千米放射性物质不超过 1 居里的地区，人们可以继续居住，反之就迁移。在核事故发生后的两年间，白俄罗斯共有 13.5 万人撤离家园。

但是更多的人却选择了留下。很多居民点的放射性物质至今仍为每平方千米 1.15 居里，超过标准 0.15 居里，然而故土难离，人们依旧住在这里，不愿离开。这样的人口约有 130 万人。还有 15 万多人甚至继续居住在每平方千米 15 居里以上的土地上，主要是老年人，他们舍不得离开家园，也不害怕放射性物质的污染。

那么核污染的主要后果是什么呢？我请前来迎接我们的戈梅利州政府官员作了介绍。

他们说，白俄罗斯有 60 万人参加了切尔诺贝利核电站的抢救和清理工作，其中 13.6 万人成了残疾人。

对于核污染区的人们来说，最大的威胁是甲状腺癌，而且年龄越小，患病率越高。1986 年 4 月至 5 月，在白俄罗斯污染区约 27 万儿童和青少年中，有 3.9 万人的甲状腺出了问题，占总数的 1.4%。不少人虽然长了甲状腺结节，但属于良性，没有生命危险。

受放射性物质影响，戈梅利州居民的免疫力下降，患心脏病的人数激增，现在每年因病死亡的人中，有 55% 的人死于心脏病。

另一个重大的挑战便是对食品，特别是农畜产品进行监督，决不让放射性元素超标的食品进入居民口中。对于集体农业单位来说，还比较容易做到。但有些个体农民自种菜蔬，自养奶牛，并将菜蔬和牛奶拿到农贸市场或公路边上去卖，就难以完全杜绝。

迄今仍有 5.8 万平方千米的土地是绝对不能住人的，其中波列斯基森林被开辟为“放射性物质自然保护区”，由科研人员进行监督和研究。

他的这番话使我想起我的两位女同事不久前去波列斯基“放射性物质自然保护区”参观的情景。那是国际妇女俱乐部组织的活动。据她们说，汽车进入波列斯基森林后，她们看到，那里的天还是那么蓝，河水还是那么清，水里面还有小鱼游动。树还是那么绿，甚至比其他地区的树木还要高大茂盛，郁郁葱葱。但到处是禁止入内的骷髅标志，荒无人烟，一些废弃的农舍已经坍塌。有一只乌龟钻进了一只破旧的食品罐，挣扎着要爬出来。沿途有时可以看到松鼠、野兔、野鸡、麋鹿、狼和狐狸等动物在丛林里窜过。

也有人说，污染区的有些动物和植物长得很不正常，老鼠长得有小猪那么大，河里的鱼也特别肥大。

因此，在戈梅利州建立了放射性研究所、人的放射医学和生态研究所和放射生物学研究所。在世界上最大的这片核污染区，科研工作者们正在进行艰苦而细致的工作。

翌日上午，我们来到戈梅利市郊区的心脏病医院，参加中国援建的该医院新手术大楼竣工仪式。一位医生告诉我，受切尔诺贝利核事故影响，戈梅利市每年需要做手术的病人有 500 多人，但这个医院只能做 270 例心脏手术。新的手术大楼落成后，每年将可以进行 800 至 1000 例手术。

亚科布松州长说，切尔诺贝利核事故确实给白俄罗斯造成了巨大损失。据计算，从 1986 年至 2016 年，核事故给白俄罗斯造成的经济损失为 2350 亿美元，是 1985 年白俄罗斯政府财政预算的 32 倍。1986 至 2010 年，白俄罗斯政府投入 170 亿美元进行消除核事故后果的工作，取得了积极成效。

◆ 戈梅利市心脏病医院大楼

◆ 鲁桂成大使参加中国援建的医院新手术大楼竣工仪式

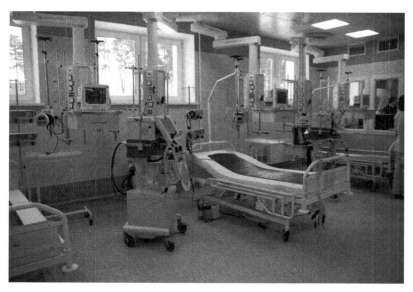

◆ 中国援助的医疗器械

◆ 鲁桂成大使夫人敬明慰问 "日丹诺维奇" 康复中心的孩子们

　　州长表示，今后仍要把保障居民的身体健康、食品安全与在核污染区恢复和发展生产并促进人民的生活改善结合起来，争取新的消除核污染影响的工作成绩！

　　听着州长的这番话，回想一天多来在核污染区的各种见闻，我深切地感到，戈梅利市没有成为一座 "死城"，戈梅利的人们也没有放弃。他们勇敢地同核污染的后果作斗争，在消除核事故影响、恢复生产和生活方面积累了宝贵的经验。这些经验对于人类战胜核污染，包括对于消除日本福岛核事故污染后果的工作都是非常有益的。

　　（本文 2016 年 4 月 21 日发表于本书作者的新浪博客。）

勤劳勇敢的人民　璀璨多姿的文化

一、俄罗斯社会民主工党一大会址

2010 年 7 月 1 日 10 时许，阳光明媚，夏意浓郁。驻白俄罗斯使馆全体工作人员怀着崇敬的心情，乘车来到明斯克市胜利广场东侧苏维埃街一座绿色木屋面前。这座木屋原名扎哈罗夫街 133 号，后来改名为苏维埃街 135 号。由于木屋左侧是共产主义街，我们都亲切地称它为"共产主义小屋"或"一大会址博物馆"。离它不远处，坐落着白俄罗斯国家电视二台和国防部大楼，明斯克的"母亲河"——斯维斯洛奇河在小屋后面缓缓流淌。

◆ 一大会址博物馆

木屋前面有一个小院，里面绿树成荫，鲜花盛开。一大会址博物馆馆长娜塔莎和年轻讲解员在屋门口迎接我们。馆长说："到这里来参观的外国人中，中国人最多，也是最受我们欢迎的客人!"

这座木屋共有 6 个房间、2 个厅堂和 2 个厨房。屋子的主人是贵妇人尓热茨卡娅·维甘季耶夫娜，她自己占了 2 个房间、1 个厅堂和 1 个厨房，而把另外 4 个房间、1 个厅堂和 1 个厨房出租给了彼得·鲁缅采夫夫妇。屋子对面是明斯克市骑警队的马厩。

讲解员指着墙上的照片说，1898 年鲁缅采夫 30 岁。他出生于莫斯科一个商人家庭，年轻时参加民粹主义运动，接着又加入社会民主主义小组。在莫斯科商校学习时，他在学生中建立了民粹主义小组，因此被流放到特维尔州。在特维尔他又被捕入狱并被流放到西伯利亚服苦役 3 年。刑满释放后，他先在格鲁吉亚生活了一段时间，然后来到明斯克铁路车站担任技术统计员，是明斯克社会民主主义小组成员。他的夫人叫奥尔加，是一位善良能干的妇女。

（一）会议缘何在明斯克举行

19 世纪下半叶，随着西方民主主义思想的传播，俄国出现了一些社会民主主义小组。由于革命斗争的需要，这些小组提出了联合的问题。其中，19世纪 90 年代初社会民主主义者尤里·梅利尼科夫在基辅成立了俄国社会民主主义小组，并于 1895 年 12 月成立了协调小组"工人委员会"。1896 年 4月梅利尼科夫被捕后，工人委员会改名为"工人事业"小组，并创办《前进报》，这是俄国社会民主主义组织出版的第一份报纸。"工人事业"小组认识到联合的必要性，决定邀请莫斯科、圣彼得堡、基辅、维尔诺（现在的维尔纽斯）等各地社会民主主义小组代表参加代表大会。代表大会原定在基辅举行，但是，基辅社会民主主义小组的活动被警察发觉，维尔诺的"俄罗斯和波兰犹太工人联盟"（成立于 1897 年）便建议代表大会在明斯克举行，一则明斯克当时已是白俄罗斯的工业、商业和金融中心，工人运动和社会民主主义小组比较活跃；二则明斯克是莫斯科和华沙之间的重要铁路枢纽，代表们集合比较方便。"俄罗斯和波兰犹太工人联盟"成员古尔维奇和别尔曼在明斯克寻得两处会址——格奥尔基街洛斯明斯卡娅姐妹家和扎哈罗夫街的鲁缅采夫家，最终选定鲁缅采夫家。

（二）会议举行过程

1898 年 3 月 1 日，9 名代表在不同时间走进了明斯克市扎哈罗夫街 133 号鲁缅采夫家。他们是：基辅"工人事业"小组的代表艾捷利曼和维格多尔契克、基辅"斗争协会"代表图恰普斯基、圣彼得堡"斗争协会"代表拉特琴科、莫斯科"斗争协会"代表万诺夫斯基、叶卡捷琳诺斯拉夫"斗争协会"代表佩特鲁谢维奇，以及"俄罗斯和波兰犹太工人联盟"的代表克雷梅尔、卡茨、穆特尼克。

博物馆馆长娜塔莎指着里面房间的一张圆桌说："代表们就是围着这张桌子开会的。聚会是以给鲁缅采夫的夫人奥尔加过生日的名义举行的。桌子上摆放了许多食品和茶炊，还有扑克牌。壁炉里火苗烧得很旺，方便万一警察闯进来，可以烧掉会议文件。房间的一扇窗户是打开的，如果遇到危险，代表们可以跳出窗外，穿过花园到河边，河的那边就是茂密的森林。"

会议由艾捷利曼主持，维格多尔契克和图恰普斯基做记录。总共开了 3 天，作出了一些重要决定。首先讨论的是党的名称。当有人建议以后再确定党的名称时，艾捷利曼说："孩子出生了，就得洗礼。"代表们提出了各种名称：俄罗斯工人协会、俄罗斯工人党、俄罗斯社会党，等等。最后确定为"俄国社会民主党"。鉴于代表中只有卡茨是工人，多数代表反对党的名称中有"工人"一词。但是后来在发表该党成立宣言时，在征得两名大会代表同意后，增添了"工人"一词，即为"俄国社会民主工党"。

（三）大会之后

当 9 名代表离开扎哈罗夫街 133 号时，谁也没有想到，不久以后，等待他们的将是残酷迫害。除了拉特琴科、克雷梅尔和维格多尔契克，其他 6 人都被捕入狱。鲁缅采夫夫妇也被流放到基辅省被警察特别监视直至 1901 年。

但是，俄国社会民主主义者的斗争并未因此停止。根据拉特琴科建议，圣彼得堡"斗争协会"领导人和马克思主义理论家斯特鲁韦起草了《俄国社会民主工党宣言》，强调了俄国所有社会民主主义力量联合的必要性，指出新党的目的是建立没有人剥削人的社会，实现民族自决。宣言称，俄国无产阶级将摆脱专制制度的桎梏，用巨大的毅力同资本主义和资产阶级作斗争，直到社会主义胜利。由于《工人报》印刷厂被破坏，克雷梅尔与斯特鲁韦秘密会见两次后，把宣言稿带到白俄罗斯，由"俄罗斯和波兰犹太工人联盟"通过博勃鲁伊斯克市印刷厂印刷出版。关于俄国社会民主工党成立的消息很快就在欧洲传播开来。柏林、巴黎、伦敦、日内瓦等地的社会民主报刊发表了《俄国社会民主工党宣言》。俄国各个社会民主主义小组读到宣言后，纷纷召开会议，宣布自己为该党的组织机构。俄国社会民主运动开始进入一个新阶段。列宁指出："1898 年春，党的成立，是这一时期社会民主党人所做的最突出的、同时也是最后的一件事情。"

1903 年 7 月 30 日至 8 月 23 日，在布鲁塞尔和伦敦秘密举行的俄国社会民主工党第二次代表大会上，以列宁为首的马克思主义者同马尔托夫等机会主义者围绕党纲、党章问题展开激烈的斗争。大会最后通过了纲领草案。这是马克思和恩格斯逝世以后在国际工人运动中第一个写入"无产阶级专政"的党纲。在选举中央领导机关成员时，支持列宁的代表获得多数，得名"布尔什维克"（俄语意为"多数派"），是俄国社会民主工党中的革命派。

1912 年在党的第六次会议上，孟什维克（俄语意为"少数派"）被驱逐出党，布尔什维克成为独立的无产阶级政党，称作俄国社会民主党（布）。1918 年改称俄国共产党（布尔什维克），简称俄共（布）；1925 年改称全联盟共产党（布尔什维克），简称联共（布）；1952 年改称苏联共产党，简称苏共。

（四）命运多舛

女讲解员介绍说，一大会址博物馆命运复杂。1922 年 12 月苏联成立后，1923 年 1 月，苏共中央决定把当年鲁缅采夫租用的这座小屋收归国家财产。3 月 14 日在小屋旁举行群众集会，纪念俄国社会民主工党一大召开 25 周年，小屋被改为博物馆。但是，1941 年 6 月底，博物馆被战火烧毁，直到 1948 年 1 月才重新修复。

1953 年，由于重建斯大林大街和胜利广场，苏维埃街上的这座木屋被迁移到河边，比邻共产主义街。一大会址博物馆成为苏联政府各种代表团、外国贵宾、大中小学的学生和游客最重要的去处之一。经常在博物馆里上党课，举行少先队员入队仪式，向新加入组织的共青团员和共产党员发放团员证和党员证。法国共产党总书记托雷斯、古巴共产党领导人卡斯特罗等外国共产党领导人曾访问此博物馆。

但是，1991 年"8·19"事件后，一大会址博物馆被关闭。1992 年 2 月 10 日，博物馆转交白俄罗斯文化部，成为历史和文化博物馆的分馆。1995 年 7 月 25 日，俄国社会民主工党一大会址博物馆重新开放，直至今日。

2017 年是俄国革命爆发 100 周年。在这个特殊年份前夕，重温俄国社会民主工党第一次代表大会的情景，回顾百年来沧海桑田般的历史变迁，联系眼前错综复杂的国际形势，真让人感慨万千，不能平静。

二、捷尔任斯基故居博物馆

在争取俄国革命胜利和苏联建立后的初期，布尔什维克党内有一位著名的斗士，他就是"全俄肃清反革命和怠工非常委员会"（简称"全俄肃反委员会"，又称"契卡"）主席菲利克斯·捷尔任斯基。

2010 年 5 月初，白俄罗斯首都明斯克阳光明媚，春风和煦。中国驻白俄罗斯使馆馆员及其家属利用假日，驾车前往名闻遐迩的捷尔任斯基故居博物馆参观。

从明斯克出发，向北行驶 42 千米，就到了明斯克州伊韦涅茨镇。在这个宁静美丽的小镇，竟然有三座教堂——两座天主教教堂和一座东正教教堂。一座天主教教堂是用红砖砌成，哥特式的尖顶高耸入云，教堂旁边是一个公墓。另一座天主教教堂则是用白色石头建成的巴洛克风格的建筑。东正教教堂的金色圆顶在阳光照耀下熠熠闪光，显得格外庄重。

小镇的东侧有一个不大的公园，其中矗立着"全俄肃反委员会"主席捷尔任斯基的半身雕像，旁边摆着人们敬献的一束束鲜花。有几位当地居民，包括一位妇女带着幼女在瞻仰。这座雕像说明，这个地方与苏联国家安全委员会（克格勃）的前身——"契卡"的首脑捷尔任斯基有着密切关系。

果然，从伊韦涅茨镇往东北行驶 37 千米，就到了森林茂密的捷尔任诺沃庄园。门口一块纪念牌上写着，"国家森林保护区暨捷尔任斯基故居博物馆"。

走进这片占地 109 公顷的保护区，仿佛置身于整齐挺拔的红松林间，空气清新，一尘不染。那松树溢出的清香沁人心脾，令人心旷神怡。红松下面布满密密的青苔，还有一种绿中透白的小草及各色各样的野花，就像覆盖着的一块巨大的绿色地毯，两脚踩在上面软绵绵的，富有弹性，非常惬意。

红树林中一条灰白色的小路蜿蜒前行，左边有一排石头延伸到一个废墟，地基的一块石头上写着，"1877 年 9 月 11 日，捷尔任斯基在这座房子出生"。一看这些硕大坚固的石头，就知道它们是从别处搬移过来的。数了一下，总共有 49 块，废墟旁边的第一块石头很小，然后一块比一块大，到了第 49 块，已是一块一立方米左右的花岗石。联想到捷尔任斯基活了 49 岁就因心脏病去世，我恍然明白：这些石头象征着捷尔任斯基从小到大走过的 49 年人生，坚硬的石头代表他那坚毅的性格和顽强的意志。

◆ 捷尔任斯基出生的房子废墟地基

　　废墟的不远处是一口干枯的水井，四周用木栅栏围住。再往前走几步，是一块不大的空地，内侧一根坚固的大理石柱上嵌着捷尔任斯基的铜铸头像，他目光坚毅而深邃，神情严肃而庄重，似乎要把你的内心世界看透。

　　在捷尔任斯基头像前照相留念后，就来到故居博物馆——一幢浅黄色的二层木楼房。门口的纪念牌上写着，"2001 年 5 月 25 日，独联体国家安全和情报机构领导人第 10 次会议决定修复捷尔任斯基故居博物馆。2004 年 10 月 7 日，故居博物馆修复完毕并开始对外开放"。

◆ 修缮后的捷尔任斯基故居博物馆

　　馆长捷莱扎热情地欢迎我们这些中国客人，并兴致勃勃地作讲解。她把我们带到楼房一层大厅一张肖像画前面说："这是菲利克斯·捷尔任斯基的父母。父亲爱德蒙德 1839 年出生于捷尔任诺沃村庄。1863 年毕业于圣彼得堡大学物理和数学系。毕业后去乌克兰的塔干罗格市中学任教，曾经教过后来成为著名作家的契诃夫。1875 年他患了肺病便回到家乡，并于 1880 年建造了这幢二层的木楼房。"

　　捷尔任斯基的母亲叶莲娜出身于书香门第，父亲是圣彼得堡铁路学院的教授，两个兄弟都是运输工程师。她受过良好教育，通晓多门外语，懂音乐，弹得一手好钢琴。馆长指着靠墙摆着的一台钢琴说："正是由于母亲的教育，捷尔任斯基从小就热爱音乐，特别是肖邦的钢琴曲。母亲还教会了他许多诗歌，例如密茨凯维奇的《塔杜施先生》和《先人祭》片段。"

◆ 大厅墙上的油画，捷尔任斯基和母亲

走进大厅旁边的侧室，映入眼帘的是一张写字桌、一把椅子、一个书架和一个茶炊。这些都是捷尔任斯基童年和少年时期用过的物什。

楼上是孩子们的卧室和活动室，捷尔任斯基有 4 个兄弟和 3 个姐妹，其中多数后来都成为革命者。墙上有一张油画特别醒目，描绘的是 1887 年年满 10 岁的捷尔任斯基离开家乡去维尔诺上学的情景：他和两个姐姐坐在马车上，母亲和两个弟弟在旁边送行，母亲神色忧虑，担心孩子们离家后的处境。捷尔任斯基万万没有想到，他就这样永远告别了自己的童年。

1889 至 1895 年捷尔任斯基在维尔诺市第一中学读书，可能是受到父亲的影响，他的物理和数学功课特别好，也很喜欢诗歌，有时还尝试写诗。1894 年是他人生的一个转折点：他加入了秘密的学生社会民主小组。1895

年又参加了立陶宛社会民主地下中心，从此走上了革命道路。在以后的革命生涯中，他6次被捕，3次被流放到西伯利亚，在监狱和流放中度过了11年。艰难困苦磨炼了他的坚强意志，使他成为一个出色的革命领导者。在1905年5月1日的群众游行中，他走在队伍的前列。十月革命期间，作为领导起义的军事革命中心成员，他负责斯莫尔尼宫卫队。1917年11月7日那天，他负责指挥占领中央电报邮电大楼的战斗。12月6日，在斗争形势错综复杂和艰难困苦的情况下，被列宁称为"优秀的无产阶级的雅各宾党人"的捷尔任斯基受命组建"全俄肃反委员会"。该委员会由情报局、组织局和行动局组成，是后来克格勃的前身，其"剑与火"的精神令人"谈之色变"。

馆长捷莱扎指着展室的照片说，捷尔任斯基是一位忠实和廉正的革命者，具有坚定的原则性和炽热的工作干劲，被称为"革命之剑"和"铁腕菲利克斯"。1926年7月20日，他在布尔什维克中央全会上作了两个多小时的讲话，抨击由托洛茨基、季诺维耶夫和加米耶夫领导的联合反对派。他说："你们很清楚，我的力量来自哪里？我从不吝啬自己，从不昧着良心。如果我看到我们有秩序不良的地方，我就会全力以赴地同它们作斗争……"谁也没有想到，就在他发表演说时，突发心肌梗死，心脏永远停止了跳动。

在博物馆二层一个房间，馆长捷莱扎指着安放在玻璃柜里的一个面部模型说："这就是捷尔任斯基去世时按他脸部所做的面部模型。"

这是一张饱经风霜的脸，一张勇敢顽强、坚毅自信的脸。敌人见了它心惊胆战，魂飞魄散，人民群众见了它则感到忠诚可靠、安全放心。玻璃柜旁边陈列着捷尔任斯基生前用过的一只棕色旧皮箱和一个黄色的皮背包，他曾经荣获的各种奖章和勋章，还陈列着俄罗斯和世界各国出版的有关捷尔任斯基的图书，以及各国安全和情报部门赠送该博物馆的礼物，包括中国国家安全部和公安部赠送的瓷盘和景泰蓝盘。

当我们从这座木屋里出来，路经捷尔任斯基雕像时，看到一群年轻军官正站在捷尔任斯基铜像前举拳宣誓。馆长解释说，这是明斯克高级情报学院的毕业生们在举行毕业典礼。向捷尔任斯基学习，像他那样工作，已经成为白俄罗斯安全和情报工作人员的座右铭。

三、苏联卫国战争中的白俄罗斯

1941 年 6 月，白俄罗斯加盟共和国作为苏联的一部分，因其地处苏联最西部，与德国侵占的波兰交界，首当其冲地遭到德国法西斯军队入侵。白俄罗斯人民遭受了德国法西斯最残酷的侵略和占领，付出了极大代价。但是，英勇的白俄罗斯人民没有屈服，而是对敌人进行坚决顽强的抗击，开展广泛的游击战和地下工作，直至 1944 年发起战略反攻取得最后胜利，为苏联伟大卫国战争胜利作出了不朽的贡献。

（一）英勇的布列斯特要塞保卫战

"布列斯特"为白俄罗斯语音译，意为"白桦树"。这是一座饱经风霜的边陲重镇。1941 年 6 月 22 日凌晨 3 点 30 分，德国纠集意大利、匈牙利、罗马尼亚、保加利亚、芬兰的军队，实施 1940 年年底制定的"巴巴罗萨"计划，以闪电战方式突袭苏联西部的布列斯特。当时德国法西斯武装力量有 850 万官兵，为进攻苏联动用 153 个师，加上盟国军队，共计 188 个师、550 万兵力、4190 辆坦克、3 万门大炮、近 5000 架飞机。德军企图用 9 至 16 个星期，在冬天来临前消灭苏联红军主力，结束战争。

布列斯特要塞以"打响苏联卫国战争第一枪"而闻名。这是苏联在西部边境最大的军事要塞，位于布格河畔，围墙高 10 米，周长 16 千米，有 4 个堡垒，500 个隐蔽房间，四通八达的地下通道网。西部特别军区第 42 步兵师和第 6 奥尔洛夫红旗师、内务部第 17 红旗布列斯特国境守备总队和第 132 营数千名官兵，同法西斯德军展开殊死战斗。

◆ 如今的布列斯特英雄要塞入口

　　1941 年 6 月 22 日凌晨，布列斯特要塞周围异常寂静。守卫要塞的是苏联西部特别军区第 42 步兵师和第 6 奥尔洛夫红旗师的 7 个步兵营、1 个侦察营和 2 个炮兵营等部队近 8000 人。这一天是星期天，许多中高级指挥员像往常一样，在星期六就乘火车到明斯克或维尔纽斯度周末去了。

　　然而，就在这一天，法西斯德国悍然撕毁《苏德互不侵犯条约》，不宣而战。凌晨 3 时 30 分，震耳欲聋的炮声打破了夏夜的寂静。德军集中 12 个炮兵营重点轰炸布列斯特要塞，每隔 4 分钟就炮击 10 分钟，一共持续了 100 分钟。密集的炮火轰炸了要塞的大桥、城门、炮台、军火仓库、医疗救护站、食品仓库、军营、军官宿舍，以及各堡垒的供水系统。在炮火掩护下，德军第 45 步兵师和工兵突击部队渡过布格河，迅速穿越布列斯特要塞的捷列斯波尔堡垒和沃伦堡垒，直扑中心堡垒。

苏联红军战士立即进入战斗岗位，把第一批攻入中心堡垒的德军赶了出去。接着，德军对要塞的 4 个主要堡垒发动了数次猛烈进攻，却未能完全占领任何一个堡垒。两辆德军坦克一度驶过中心堡垒北部的布列斯特门，直逼中心堡垒。但是一辆被苏军反坦克炮摧毁，另一辆也被苏军士兵炸毁。德军步兵被顽强抵抗的苏军击退。要塞各个堡垒的苏军士兵都表现出大无畏的战斗精神，尤其是捷列斯波尔堡垒和沃伦堡垒的苏军第 125 步兵团的士兵和第 84 步兵团军官训练学校的学员们主动出击，将大批德军牵制在中心堡垒附近，为中心堡垒和北部科布林堡垒的苏军战士赢得了宝贵的时间。22 日上午，这两个堡垒的苏军士兵趁着德军尚未完全围困要塞的间隙进行突围，有相当一部分辅助人员和伤员成功撤离城堡。到 6 月 22 日中午德军围住要塞时，坚守要塞的官兵还有近 4000 人。他们被分隔在要塞的 4 个堡垒内，相互间没有联系，整个要塞的守卫者们也没有一个统一的指挥系统，而是靠着各堡垒内部军官和政委的领导，各自抵抗。

6 月 22 日夜晚，德军占领了捷列斯波尔堡垒和沃伦堡垒的大部分阵地，并通过这两个堡垒连接中心堡垒的桥梁，占据了捷列斯波尔门和霍尔姆门之间的一段营垒。但在捷列斯波尔堡垒西部布列斯特门附近的防御工事里，仍有约 300 名苏军士兵坚持战斗。在沃伦堡垒内，也有一些守卫者宁死不屈。第一天的战斗德军就付出惨重代价：有 21 名军官和 290 名士兵阵亡。

22 日夜里，中心堡垒的苏联军官们召开了一个联席会议，选举祖巴乔夫大尉为最高指挥官，团级政委福明为他的助手。最高指挥官发布第一号作战命令，要求中心堡垒所有官兵坚决保卫要塞并勇敢战斗。

在科布林堡垒的苏军约有 1000 人，指挥员是第 44 步兵团团长扎夫里洛夫少校。此外，该堡垒还有一部分军官家属。当天夜晚，克拉姆科少尉率领一小队士兵在科布林要塞周围埋设了大量地雷，这对后来的防御战具有重要意义。

西南的捷列斯波尔堡垒和南部沃伦堡垒是德军的主要进攻方向，因此，战斗开始后不久这两个堡垒的大部分就落入德军控制之下。

6 月 23 日，德军在猛烈的炮火支援下，向布列斯特要塞各个据点再度猛烈进攻，重点集中在科布林堡垒和中心堡垒。德军对中心堡垒发动了 8 次进攻，都被守卫者击退。在科布林堡垒，扎夫里洛夫指挥的苏军第 42 步兵师第 44 步兵团的官兵打退了德军从堡垒西侧发动的一系列攻击。战斗最激烈时，红军家属也投入战斗，妇女们有的照顾伤员，有的搬运弹药。

德军企图通过围困造成饥饿和干渴，迫使要塞守卫者投降。6 月 26 日中午，中心堡垒的苏军 120 人杀出北门，试图穿过大桥突入科布林堡垒。德军火力封锁，红军战士大多牺牲，只有几个人到达北岸，旋即被德军俘虏。

29 日上午，一枚重达 1800 千克的巨型炸弹被德国空军投掷在科布林堡垒，巨大的爆炸造成的震荡甚至在 3 千米外的布列斯特城内都能感受到。德军通过广播向坚守要塞的苏军宣读最后通牒：守卫者若不缴械投降，德军将把整个要塞"碾成粉末"。因此，科布林堡垒的苏军指挥员决定：所有妇女和儿童向德国人"投降"，但是所有军人将战斗到底。

6 月 30 日，德军凭着绝对优势火力，攻占了布列斯特要塞绝大多数阵地。祖巴乔夫大尉和福明被俘，福明被德军当即枪决在霍尔姆门外，祖巴乔夫大尉被押往汉密尔堡集中营并于 1944 年被枪杀。基日瓦托夫中尉率领几个战士掩护战友撤退，自己英勇牺牲。德军用火焰喷射器攻击守卫者占据的几个炮台和工事，但仍有一部分苏军士兵成功转移到堡垒的其他部分坚持战斗。

为了守住每一寸土地，他们甚至短兵相接。敌军每占领一个地下通道和房间，都要付出很大代价。一位红军战士身负重伤，牺牲前唯一的愿望就是喝口水。战友决定冒死满足他的愿望，可是唯一的水源处在德军严密的炮火监视之下。战友在枪林弹雨下匍匐前进，好不容易用钢盔盛到水，却不幸中弹牺牲，钢盔中的水流到地上……

◆ 布列斯特英雄要塞雕像——"渴"

◆ 布列斯特英雄要塞雕像——"勇气"和长明火

4天后，德国占领了要塞的主体部分，守卫军不得不转移到科博林斯基防御堡垒。400名幸存士兵在扎夫里洛夫少校的指挥下每天都要击退德军7到8次进攻。6月29日和30日两天，德军发起了最后的猛烈攻击，企图拿下堡垒。被围困的红军战士缺水断粮，但是战火仍然持续了很久。7月8日，对布列斯特要塞作战的德军第45步兵师宣称要塞已被占领。但有资料证明，一些苏军战士一直战斗到7月中旬。7月23日，德军俘虏了受伤的扎夫里洛夫。而在一个小时前，这位少校还在独自战斗，用手榴弹炸死炸伤了几名德军士兵。

在布列斯特要塞保卫战中，苏联红军共有约2500人阵亡，一大批官兵被俘。而德军第45步兵师也有462人死亡，1000余人负伤。

布列斯特要塞保卫战打响了苏联卫国战争的第一枪，它抵御了兵力超过自己数倍的德军无数次进攻，打死打伤近1500名德军官兵，迟滞了德军步兵的挺进速度，使大批德军步兵不能参加别尔斯托克－明斯克战役，使许多苏军部队能够从德军的包围圈中突围撤退。布列斯特要塞保卫战成为苏联红军在战争中英勇不屈的一个象征，极大地鼓舞红军官兵英勇作战，争取胜利。

◆ 如今布列斯特英雄要塞的方尖碑和主雕像

在苏联卫国战争初期，除了布列斯特要塞保卫战外，白俄罗斯红军官兵还涌现了许多其他可歌可泣的英雄事迹。

1941 年 6 月 26 日，苏联红军第 42 远程轰炸师飞行员尼古拉·加斯捷洛上尉驾驶战机在白俄罗斯莫洛杰奇诺和拉多什科维奇区上空飞行，轰炸地面上的德军坦克。这时，敌人开炮击中了加斯捷洛的战机。他开着燃烧的轰炸机冲向地面敌人的汽车队伍，与几十辆汽车一起熊熊燃烧。

第 127 战斗机分队副队长丹尼洛夫的表现同样优秀。战争爆发后，他率领几架飞机在格罗德诺市上空巡逻，发现德军轰炸机和歼击机从不同方向逼近该市，立刻命令分队分散战斗。丹尼洛夫击落两架敌机后弹药已空，却见一架敌机逼近。他将自己的伊-153 对准敌机，用螺旋桨撞断了敌机机翼，使其失去平衡坠地。丹尼洛夫也身受重伤，但仍以惊人毅力将战机开回机场。

由于当时苏军装备的米格-3 等新型歼击机数量有限，且大部分已在德军第一波攻势中被摧毁，老式的伊-153 和伊-16 战机成为抗击德军的主力。与德国空军的各种新型战机相比，苏军这两种老式飞机无论速度、火力还是机动性均处于劣势。整个苏联卫国战争期间，有 500 多名苏军飞行员使用了撞机战术，其中只有半数以上得以驾机返回。除了具备为祖国牺牲的精神外，成功的撞机是在非常冷静的状态下经过深思熟虑后才实施的战术，要求飞行员具备高超的飞行技术和过人的心理素质。

著名的莫吉廖夫市保卫战进行了 23 天，仅 7 月 12 日一天红军就在市郊布伊尼奇村击毁 39 辆德军坦克。7 月 16 日，敌军包围了城市，但红军又坚守了 10 天。2005 年至 2011 年，我在中国驻白俄罗斯使馆工作期间，曾两次参观莫吉廖夫博物馆和布伊尼奇战场遗址，被苏联红军战士的英勇事迹所感动和教育。布伊尼奇战斗博物馆旁边葬有苏联著名军事记者、作家西蒙诺夫的骨灰，他的诗歌《等着我吧》在苏联家喻户晓。

白俄罗斯另一个城市戈梅利的战斗也很残酷。在红军的打击下，德军损失 8 万官兵、200 辆坦克、约 100 架飞机。

但是，战争初期苏联红军的抵抗没有能够阻止德国军队前进。自战争开始 70 多天后，到 1941 年 9 月初，整个白俄罗斯被德国法西斯军队占领。

战争初期的形势非常严峻。1941 年 6 月 28 日，距苏联西部边界 380 千米的白俄罗斯首都明斯克被德军占领。33 万红军官兵被俘虏。7 月 1 日，苏联国防人民委员会发布 1941 年第 0250 号命令宣布，鉴于原西方面军司令员巴甫洛夫、参谋长克里莫夫斯基赫、通信主任格里高里耶夫和第四集团军司令员科罗布科夫的惊慌失措、未经上级允许擅离战略岗位，导致部队指挥瓦解、指挥不力等后果，剥夺他们的军衔。7 月 22 日，苏联最高法院对巴甫洛夫等 4 人判处枪决。苏联国防人民委员会人民委员斯大林在命令中强调：“我警告，无论是谁，如果违背军人誓言、忘却对祖国的责任、玷污红军战士的崇高称号、表现懦弱和惊慌失措、擅离战斗岗位以及未经战斗即向敌人投降，都将受到军法最严厉的无情惩罚。此命令向团级及以上所有指挥员传达。”

（二）德国法西斯的占领和掠夺

德国法西斯军队占领白俄罗斯后，开始实施占领的制度，所谓“新秩序”，目的是消灭苏维埃国家和社会制度，掠夺苏联的自然资源和国民财富，实施种族灭绝、恐怖和暴力。根据纳粹德国制定的“奥斯特”计划，在白俄罗斯只能留下 25% 的人口作为给纳粹德国服务的劳动力，另外 75% 的人口将被消灭或流放。希特勒的理论是，日耳曼人是种族优秀者，必须扩大日耳曼人的生存空间，他们有权利剥削其他民族的生存权利。德军重新划分了白俄罗斯行政区域，把东部作为“军队后方区”，南部划归乌克兰纳粹管理，东北部划入普鲁士和立陶宛总区。几乎三分之一的土地划入所谓的“总区”，成立“白俄罗斯总委员会”，从苏维埃政权的敌人和叛徒中任命管理人员。1941 年下半年，纳粹德国除了在白俄罗斯部署 16 万德国军队外，还成立了亲法西斯的辅助部队（伪军），让“乌克兰营”和“立陶宛营”来白俄罗斯维护交通、围剿游击队和消灭犹太人。仅“立陶宛营”从 1941 年 10 月 5 日至 11 月 7 日的 32 天内就在白俄罗斯杀害 4.3 万普通居民。

1941 年 7 月底，纳粹德国在明斯克周围建立了很多俘虏集中营，在明斯克市建立了 10 万多人的犹太人区。在整个白俄罗斯建立了 260 个消灭犹太人的集中营,仅在明斯克附近的特罗斯捷涅茨基集中营,就杀害了 206 500 人。这比波兰的奥斯威辛集中营和马伊达涅克集中营少一些,但超过其他所有集中营。

纳粹德国对白俄罗斯实施殖民和种族灭绝政策。为了减少白俄罗斯民族的"生物潜力"(繁衍和传宗接代能力),德国法西斯从白俄罗斯运走了 2.4 万名儿童。1944 年曾计划把 4 万至 5 万名 10 至 14 岁的未成年人运往德国,后因战事失败而未遂。德军还强制把白俄罗斯人运到德国去做繁重体力劳动。在苦役中,很多人死于饥饿和不堪忍受的体力劳动。

占领时期,德国法西斯把白俄罗斯 90% 的机床和技术设备、96% 的电力设备、18 500 辆汽车、9000 多辆拖拉机和牵引车、1100 辆联合收割机运往德国,砍伐了白俄罗斯境内 10 万公顷森林,运走了大量木材、160 万吨粮食、426 000 吨面粉、300 万吨土豆和蔬菜。

为了消灭白俄罗斯人民的文化,德国法西斯抢劫了白俄罗斯所有大学、科研机构、国家历史博物馆、国家画廊大批珍贵的藏书(包括斯卡林纳著作的手稿)和古斯拉夫书籍,毁坏了古建筑和文化古迹,破坏了 7000 多所中小学。

1943 年 3 月 2 日,游击队在明斯克以南 50 多千米的哈丁村附近伏击了一小股纳粹德军。为了报复,德军冲进哈丁村,将全村 149 人(其中 75 人是不满 16 岁的孩子)赶进一间草房,放火点燃,并在房外架起机枪扫射。为纪念哈丁村及被德国法西斯军队毁灭的其他村庄,1969 年 5 月 7 日,白俄罗斯在哈丁村遗址上建立纪念建筑雕塑群和爱国主义教育场所。

◆ 哈丁村纪念群的主雕塑——"不屈的人"

从纪念馆出来向左前方步行约 100 米,一座黑色大理石雕塑——"不屈的人"矗立在眼前:一位饱经沧桑的老人双手托着一个奄奄一息的男孩,脸上显露着难以抑制的痛苦与悲愤,眼睛里却透射出刚毅不屈的抗争精神。前来凭吊的人们在雕像前默默地敬献鲜花。雕塑的右前方，是那间曾关押村民并被焚烧的草房。旁边的石碑上刻着一段生与死的对话：

"请善良的人们记住，我们热爱生命、祖国和亲爱的你们，我们被活活烧死了。我们请求所有人：化悲痛为勇敢和力量，为了这个世界永久的和平与安宁，为了无论何时何地再也不会有人被烧死。"

◆ 每一户农舍的废墟上都挂着一个风铃，意为"警钟长鸣"

◆ 鲜花献给被德国法西斯残害的村民们

在原来的村址上，以几根简单的水泥条还原了村里各家的分布情况，并在"每家"的水泥柱子上刻着家庭成员的姓名和年龄。每根柱子上拴着一只小铃铛，哪怕是微风吹过，铃铛也会发出清脆的声音。这意味着"警钟长鸣"，永远不要忘记死难的同胞，永远要为和平与安宁而斗争！

苏联卫国战争期间，白俄罗斯有 186 座村庄被完全摧毁，居民被杀绝。全国共计 223 万人死亡，占战前白俄罗斯人口的四分之一，经济损失高达750 亿卢布。

（三）广泛而勇敢的游击战

白俄罗斯是一个平原国家，东欧大平原一马平川。海拔最高点——捷尔任斯山只有 345 米。全国林木茂密，森林覆盖率达 35.5%。还有很多沼泽地。这为白俄罗斯人民开展袭击德军的游击战提供了天然条件，因为德国军队的坦克和装甲车进不了森林，会陷入沼泽。

1941 年出现了 60 支游击队伍。7 月至 9 月，白俄罗斯党政机构建立了430 个游击支队和小组，共计 8300 人。在 1941 至 1942 年冬天的困难条件下，有 200 多个游击分队和小组坚持战斗。1941 年 7 月至 8 月，德国法西斯中央集团军群在白俄罗斯进行了代号为"沼泽地"的围剿行动，杀害了 1.4万人，主要是平民。莫斯科保卫战的胜利鼓舞了白俄罗斯人民的乐观精神和斗志，游击队迅速发展。1943 年，仅明斯克州就有 2.2 万人加入游击队，1943 年，白俄罗斯游击队员总数从 5.6 万人增加到 15.3 万人。

1942 年 3 月 20 日，游击队在莫吉廖夫州攻克了克利切夫镇，出版了《为了祖国》等报纸。1942 年 9 月，在克利切夫区，苏联红军第 208 摩托化师前师长尼奇波罗维奇率领的游击队已拥有 17 个支队，达 3000 人。1942 年9 月，建立了白俄罗斯游击运动司令部，这对统一指挥和发展游击运动起了重要作用。苏联内地向游击队供应了 4250 支枪、630 支机关枪、1.8 万颗手榴弹等武器弹药。游击队与红军协同作战。1942 年夏，当斯大林格勒进行鏖战时，白俄罗斯游击运动中央司令部号召游击队员破坏敌人增兵计划，消灭增援的敌军。游击队破坏桥梁、毁坏铁路枕木和电线。1942 年 8 月 29 日深夜，在 250 名当地居民帮助下，科罗特金领导的游击大队扒开几千米长的铁路，使波洛茨克至维捷布斯克铁路线瘫痪 6 昼夜。

◆ 白俄罗斯军事博物馆展出游击战士使用过的武器

游击运动迫使德国法西斯军队拨出相当的力量对付游击队。1942 年 5 至 11 月，法西斯军队对游击队进行了 40 次围剿，1943 年进行了 60 多次大规模围剿，动用了飞机大炮。在整个苏联卫国战争期间，德国法西斯共进行 140 多次针对游击队的大型军事行动。但是白俄罗斯的游击队组织就像雨后春笋般涌现，到 1943 年已控制白俄罗斯 60% 的土地。

在整个战争期间，在白俄罗斯有 213 个游击大队，包括 997 个支队。另有 258 个单独行动的游击队。游击队员总数达 37.3 万人。社会各个阶层都参加游击队，其中工人占 17%，集体农庄庄员 40%，知识分子 20%，复员军人 11%，学生 12%，妇女占 16%。参加者来自 70 多个民族，其中白俄罗斯族 71%，俄罗斯族 19% 多，乌克兰族 9% 多。3 年中，游击队共消灭 50 多万名德国法西斯官兵（其中有 47 个将军），毁坏了 1.8 万辆汽车、1355 辆坦克和装甲车及 305 架飞机。

英勇作战的白俄罗斯人为苏联卫国战争胜利作出了重要贡献，有 88 人获"苏联英雄"称号;有 25 名白俄罗斯飞行员像战斗英雄加斯捷洛那样,撞击敌机;有 13 名士兵向马特洛索夫学习,用自己的身体堵住敌人碉堡的枪眼;有 3 人像马雷斯耶夫那样,失去双脚却仍留在部队战斗;有 7 人像伊万·苏萨宁那样,把敌人引进红军或游击队的包围圈。斯捷潘·普利亚茨的 4 个儿子和 2 个儿媳被授予 50 枚勋章和奖章,2 个儿媳——鲁菲娜和赖莎成为"苏联英雄"。集体农庄庄员阿基姆·克拉索夫斯基把 6 个儿子送往前线,其中 2 个牺牲,1 个成为空军元帅。若金诺镇的阿纳斯塔西娅·库普里亚诺娃把 5 个儿子都送到部队,全部为祖国捐躯。

二战结束时,白俄罗斯族人有 217 名将军,30 万名白俄罗斯人因英勇作战而获勋章和奖章,其中 440 人成为"苏联英雄",4 人两次荣获"苏联英雄"称号,65 人是"荣誉勋章"获得者。这充分证明了大多数白俄罗斯人在战争中表现出忘我、勇敢、坚韧、忠于职守的精神。而力量的源泉是他们保卫亲爱的土地、保卫自己祖国的高尚情操和战胜敌人的坚定信念。

反抗德国法西斯占领的另一个重要斗争是白俄罗斯城市地下斗争。仅在维捷布斯克,1941 至 1942 年有 56 个地下组织。白俄罗斯全国共有 7 万多名爱国者参加地下工作,在 89 个区建立了地下党组织。他们开展反抗法西斯占领者政权的各种活动,如进行反法西斯宣传、散发传单、炸毁敌人仓库、破坏铁路等交通设施等,把一万多个家庭从明斯克市转移到游击队控制的森林,从犹太人区救出了上千户犹太人。

(四)夺取胜利

1944 年 6 月 23 日,苏联红军开始进行代号为"巴格拉季昂"的解放明斯克战役。参加作战的有白俄罗斯第一、第二、第三方面军和波罗的海第一方面军。当时苏联红军与德军的军力对比是,坦克 6∶1,飞机 4∶1,士兵 2∶1,红军还有大量的游击队人员。1944 年 7 月 3 日,明斯克获得解放。1944 年 7 月 28 日,德国法西斯军队被赶出布列斯特。1944 年年底,苏联红军全部解放了白俄罗斯。白俄罗斯人民积极支援红军,从白俄罗斯解放到 1945 年 1 月,有 56 万白俄罗斯人参加红军。此外,14.7 万名游击队员也加入了红军。白俄罗斯军人表现出大无畏的英雄主义和勇敢精神,有 1500 名将军和官兵荣获"苏联英雄"称号，40.2 万名士兵荣获勋章和奖章。

打响苏联卫国战争第一枪的布列斯特要塞于 1944 年 7 月 28 日被解放。牺牲的基日瓦托夫中尉和扎夫里洛夫少校被授予"苏联英雄"称号，200 多人被授予勋章或奖章。1965 年 5 月 8 日，要塞被授予"英雄要塞"荣誉称号。1971 年，建造了纪念建筑群，包括 100 米高的方尖碑、长明火、"勇气""渴"等英雄雕塑群、弹痕累累的捷列斯波尔门和保卫要塞纪念馆。当你步入五星状的布列斯特英雄要塞大门，耳畔响起熟悉的《神圣的战争》的雄壮旋律，英雄们可歌可泣的光辉形象仿佛就会展现在眼前，令人肃然起敬。

1996 年白俄罗斯把 7 月 3 日（1944 年 7 月 3 日首都明斯克获得解放）定为白俄罗斯国庆节。这充分说明白俄罗斯人民对苏联卫国战争胜利意义的高度评价和足够重视。

四、别洛韦日森林——苏联解体的地方

（一）别洛韦日森林的"维斯库利"总统官邸

"别洛韦日"的名字有什么含意吗？当地居民说，在白俄罗斯语中，"别洛韦日"就是"白塔"的意思，因为在这片森林旁有一个小镇叫"卡缅涅茨"（意为"石头"），镇里有一座矗立的白塔。驱车去别洛韦日森林经过该村时，我也看到了这座塔，它建于 13 世纪，高 5 米，共有 5 层，墙厚 2.5 米，主要用于防御。由于几经改建，这座塔已变成红色。

别洛韦日森林是欧洲中部最大的原始森林，南北长 70 公里，总面积 1500 多平方公里（其中一部分在波兰境内）。由于它对欧洲中部的气候调节具有重要作用，被称为"欧洲之肺"。

史书上最早提及别洛韦日森林是公元 983 年。几个世纪以来，该森林几易其主，先后属于立陶宛、波兰、德国等国。1795 年归属俄罗斯，1888 年成为沙俄皇家狩猎场。亚历山大二世和末代沙皇尼古拉二世都来过这里打猎。君主贵族之所以喜欢来这里打猎，是因为森林里有野猪、狐狸、狼、野兔、野鸡等一万多种大小动物，其中包括欧洲最大的哺乳动物——野牛。野

牛一般长2.9米，高1.8至2米，体重300至1000千克，被誉为"林中之王"，也被视为白俄罗斯的象征物。17世纪以来，只有别洛韦日森林还生存着这种野牛，因此如同中国的大熊猫一样，具有重要的科研价值。由于在二次大战中被恣意枪杀，到1945年别洛韦日森林的野牛已经濒临灭绝。波兰政府把动物园里的几头野牛送给苏联，在别洛韦日森林繁育生长。现在该森林的野牛又有近300头。在别洛韦

◆ 别洛韦日公园里的野牛

日森林博物馆不远处的动物园里，游客就可以看到体格魁梧却性情温和的野牛。如今在白俄罗斯，随处可见木雕、水晶、陶瓷，以及其他用各种材料制作的野牛纪念品。

别洛韦日森林里共有松、柏、枞、白桦等900多种植物。一半以上的树木有100年以上的历史，有的甚至有300到600年历史。其中一棵最古老的橡树高30米，直径2米，树龄660多年，被誉为"橡树王"。

此外，森林里还有227种鸟类，24种鱼类。

正因如此，1992年，别洛韦日森林被联合国教科文组织列入世界遗产名录，1993年，又被联合国教科文组织列为世界生物圈保护区。

苏联领导人赫鲁晓夫、勃列日涅夫等人喜欢去那里打猎野猪和野鸡。为此，根据赫鲁晓夫的命令，在别洛韦日森林深处维斯库利村建造了一座政府别墅，并取名为"维斯库利"。1964年10月前，克格勃主席谢米恰斯内及其同僚曾在此地借狩猎之名制订推翻赫鲁晓夫的计划。巧合的是，27年后，在这里又策划了解散苏联、推翻苏联总统戈尔巴乔夫的计划。

　　那么，1991年12月初为什么选择别洛韦日森林作为东斯拉夫三国领导人会晤的地方呢？据白俄罗斯前总理凯比奇说，最初俄罗斯总统叶利钦提出，他和乌克兰总统克拉夫丘克、白俄罗斯最高苏维埃主席舒什凯维奇11月29日在明斯克举行会晤，并对戈尔巴乔夫说，会晤的目的是要"努力说服"克拉夫丘克签署戈尔巴乔夫主导的新联盟条约。后因12月1日乌克兰要举行关于独立的全民公决，会晤日期推迟到12月7日。

　　叶利钦把会晤地点选在明斯克，是为了避免戈尔巴乔夫的干扰。他对舒什凯维奇说，如果会晤在莫斯科举行，戈尔巴乔夫会认为他们在搞什么阴谋，随时可能召见他们。

　　因此，舒什凯维奇向叶利钦建议在别洛韦日森林举行会晤，既可以在优美的大自然中好好休息，呼吸新鲜空气，又可以随意去狩猎。特别是考虑到克拉夫丘克喜欢打猎，他同意去别洛韦日森林参加会晤的可能性更大些。事实也是如此，12月7日，克拉夫丘克抵达别洛韦日森林后即去打猎，打伤了一头不大的野猪。

　　2006年5月，我和使馆部分馆员自驾游到别洛韦日森林，但是未能进入"维斯库利"参观，因为1995年以来它成为白俄罗斯总统的别墅，不对外开放，近年来一些中外记者想进去采访也未果。

　　2006年12月6日至7日，我应邀出席在别洛韦日森林举行的关于苏联解体15周年国际研讨会时，会议组织者安排我们与会者参观了"维斯库利"，我终于如愿以偿。

　　这是一栋两层小楼。进门后是一个约60平方米的前厅，没有任何摆设。往里走就是餐厅。1991年12月7日晚，叶利钦、克拉夫丘克和舒什凯维奇的会晤主要就

◆ 关于苏联解体的国际研讨会

是在餐厅里举行的。他们边吃边谈，从下午 7 时直至半夜，初步达成协议。由于克拉夫丘克不同意建立任何新的"联盟"，主张称这个新的国际组织为"独立国家联合体"，即独联体，叶利钦和舒什凯维奇便同意了这个意见。

◆ 接受白俄罗斯国家电视台采访

◆ 叶利钦、克拉夫丘克、舒什凯维奇举行会晤的房间

凌晨 3 时，3 位领导人及凯比奇和乌克兰总理福金才回房间睡觉。3 位领导人睡在别墅二层的房间，其他人则住在别墅附近的一个招待所。而俄罗斯副总理布尔布利斯、盖达尔、沙赫赖和外长科济列夫，白俄罗斯副总理米亚斯尼科维奇和外长克拉夫琴科等 10 人根据 3 位领导人达成的协议准备文件，一直忙到次日早晨 6 时。克拉夫琴科回忆说："全国还在睡觉。近邻和远邻们，数以百万计的人们都在熟睡中。只有我们知道，我们业已习惯的苏联梦就要做完了。凌晨 6 时我们各自回房间时，广播里正好响起苏联国歌。"[1]

别墅前厅左侧是一个台球室，有时也作为电影放映室使用。我们进去参观时，看到里面摆着一张圆桌和几把椅子，就争先恐后地照相，因为我们以为当年 3 位领导人就是在这里举行历史性会谈并签署文件的。谁知别洛韦日森林博物馆馆长说，15 年前的那个夜晚这里并没有这些桌椅，它们是后来增添的。当时摆在这里的是几张长方桌。1991 年 12 月 8 日上午，俄罗斯、乌克兰和白俄罗斯三国代表团成员们就是在这个台球室的几张长方桌上继续修改关于苏联解体的有关文件，直到下午三四点钟才完成。然后在前厅举行了《关于建立独立国家联合体的协定》《三国国家元首的联合声明》和《关于协调经济政策的声明》的签字仪式。《关于建立独立国家联合体的协定》序言中说："我们白俄罗斯共和国、俄罗斯联邦、乌克兰曾作为苏维埃社会主义共和国联盟的发起国签署过 1922 年联盟条约，现在我们三国明确指出：苏联作为国际法主体和地缘政治实体已终止存在。"

文件签署后，叶利钦、克拉夫丘克和舒什凯维奇在大厅里举起香槟酒杯表示庆贺。

五、苏联时期的印记

苏联解体后，在原苏联 15 个加盟共和国中，白俄罗斯是保留苏联印记

---

[1] 《苏联解体的最后两天》，http://www.doc88.com/p-093910084286.html。

最多的国家。有人说，"到了白俄罗斯，就好像回到了苏联"，或"白俄罗斯是苏联的一个缩影"。这些话并不准确，但也不无一点道理。

如今，如果你来到明斯克，入住的还是"十月""胜利40周年""红星""老战士"等饭店；漫步街头，以马克思、恩格斯、社会主义、共产主义、共青团、游击队等命名的街名会不时映入眼帘。一些熟悉的雕像，如列宁、斯大林、捷尔任斯基，以及一些苏联元帅的雕像，依旧矗立在"十月""革命"和"胜利"等广场上，受到人们的尊重。如果你去想看博物馆，可以去"伟大的卫国战争历史博物馆"和"俄国社会民主工党一大会址"博物馆；如果你去看电影，就会走进"十月""阿芙乐尔""礼炮"和"少先队员"影院；如果你去公园，就会步入"明斯克900年""十月革命50周年""苏联成立60周年""各民族友谊"等公园。孩子们最喜欢的依旧是"高尔基中心公园"。

白俄罗斯人为什么不像俄罗斯和其他一些加盟共和国那样给街道和公园等公共设施改名呢？他们的回答是：这些名字都是历史的记录和反映，没有必要改变历史。况且改名要花费不少资金，改后居民也不习惯。

不仅公共设施的名称没有改变，而且白俄罗斯的政府机构也保留了苏联时期的名称。总理依然叫部长会议主席，州长、市长和区长叫州、市或区执行委员会主席。而议会的名称在1996年11月修宪后，由原来的"最高苏维埃"改为国民会议，由共和国院（上院）和代表院（下院）组成。最大的变化是从1994年7月起，白俄罗斯开始实行总统制，议会的权力大为削弱。现在的实际情况是总统决策，大权独揽，议会立法，政府执行，工会、妇联、青年联盟、少先队等社会组织依旧起着重要的配合作用。

与毗邻的波兰和俄罗斯不同，1991年12月苏联解体后，白俄罗斯没有长期实行激进的"休克疗法"，而是"循序渐进"地实行"以社会为指导的市场经济"。没有搞大规模的私有化，包括土地私有化，而是建立了以国有大企业为主体、多种所有制并存，以国家计划、行政命令和市场调节相结合的经济体制。白俄罗斯至今保留了免费义务教育、免费医疗和退休金制度，以及保障老人、残疾人、孤儿、多子女家庭等弱势群体的社会福利体系。

在意识形态领域，白俄罗斯注意建设民族意识，但反对任何形式的极端民族主义。允许独立媒体存在，但所有媒体必须遵纪守法。国家控制的新闻媒体约占全国新闻媒体总数的 85%，还有 15% 是独立媒体。白俄罗斯的爱国主义教育丝毫不比苏联时期逊色，每个值得纪念的地方几乎都树碑立传。节假日，每天都能看到一对对新郎新娘来到英雄纪念碑和祖国母亲像前敬献鲜花。明斯克郊区的"斯大林防线"保留了二战初期苏联的防卫设施。明斯克以北 54 千米处的哈丁村纪念群，是关于德国法西斯在白俄罗斯犯下滔天罪行的爱国主义教育场所，参观的人群络绎不绝。

11 月 7 日依旧是白俄罗斯的节日，人们放假并进行纪念活动。2006 年11 月 7 日，卢卡申科总统向全体白俄罗斯人民发表贺词说："历史雄辩地证明，伟大的十月社会主义革命具有巨大的创造力。十月革命改变了白俄罗斯的命运，极大地推动了我国社会和精神的复活，使白俄罗斯人获得了国家独立，建立了高技术的工业，现代化的农业，先进的科学和文化。"

苏联时期是白俄罗斯社会和经济发展最快的时期，正是在苏联时期，白俄罗斯由一个落后的农业国变为工农业均比较发达的工业化国家。1991 年苏联解体前，白俄罗斯的国家经济实力仅次于俄罗斯、乌克兰和哈萨克斯坦，在苏联居第四位。因此，大多数白俄罗斯人具有深厚的"苏联情结"。据全俄民意测验中心 2006 年 11 月所作的调查，55% 的白俄罗斯人对苏联解体感到遗憾，占白俄罗斯人口 14.5% 的 65 岁以上的老人尤其如此。卢卡申科是最坚决反对苏联解体的人士。1991 年 12 月 10 日，在白俄罗斯最高苏维埃就批准苏联解体的协定表决时，卢卡申科是唯一投票反对《别洛韦日协定》的议员。2006 年 11 月 23 日，他再次谴责当时白俄罗斯最高苏维埃主席舒什凯维奇伙同俄罗斯和乌克兰领导人解体苏联的行为。他说，舒什凯维奇没有获得授权就在《别洛韦日协定》上签字，"实际上，我们完全有理由推翻这个协定，因为从法律上讲这个协定是无效的"。

由此可见，白俄罗斯能够保持许多苏联时期的东西，与白俄罗斯人，特别是卢卡申科总统的"苏联情结"密切相关。

六、成功抵御"颜色革命"

正是由于白俄罗斯坚持独立自主的内外政策，保留了苏联时期的一些传统习惯，根据白俄罗斯的国情走自己的发展道路，与俄罗斯结盟并反对北约东扩，美国等西方一些国家及其控制的国际组织把白俄罗斯划为"暴政前哨"和"欧洲的最后一个专制堡垒"，对其实行制裁、高压和颠覆活动。格鲁吉亚和乌克兰发生"颜色革命"之后，美国等西方国家更是把下一个"民主改造"的目标锁定在白俄罗斯。2004 年 10 月 17 日，白俄罗斯就卢卡申科是否有权在第二个任期满后参加 2006 年总统竞选的问题举行全民公决。77.3%的选民投票表示赞成。美国恼羞成怒，小布什总统立即签署《白俄罗斯 2004 年度民主法案》，向白俄罗斯政治反对派提供 1200 万美元援助，并禁止白俄罗斯一些高官访美或者从美过境。美国副国务卿里德表示，即使卢卡申科在 2006 年选举中第三次连任，美国也不会予以承认。国务卿副助理克雷默 12 月上旬在明斯克访问时会见白俄罗斯反对派领导人说，美国向白俄罗斯当局"指出了白俄罗斯在遵守宪法权利和自由各方面情况恶化的问题"，并"对 2006 年总统选举前白俄罗斯民主领域的形势表示不安"。他重申，美国"没有改变"支持白俄罗斯政治反对派的立场。

欧盟、欧洲安全与合作组织、欧洲委员会和欧洲议会也经常通过各种决议，"谴责"白俄罗斯当局"违反人权"。它们禁止白俄罗斯官员到访其成员国，并拨款加大对白的舆论攻势。欧洲国家的一些官员和议员多次提出要对白实行经济制裁，只是因为西欧国家目前迫切需要从白俄罗斯进口石油产品才暂时作罢。在格鲁吉亚"玫瑰革命"和乌克兰的"橙色革命"中发挥领头羊作用的非政府青年组织"克马拉"和"波拉"与白俄罗斯非政府组织"野牛""青年人民阵线"等密切接触，传授如何搞竞选和"街头革命"的经验，研究在白实现"颜色革命"的策略和具体步骤。俄罗斯右翼组织表示，2006 年白总统竞选期间将派数百名专家和技术人员帮助白俄罗斯反对派竞选。

在格鲁吉亚、乌克兰和吉尔吉斯斯坦"颜色革命"的影响下，近年来白俄罗斯反对派也在国内组织了几次小规模的示威活动，有数十人至数百人参加，但均被当局武警迅速驱散，几个组织者被判刑。

白俄罗斯有 17 个政党，其中多数是现政权的反对党。在西方国家的帮助下，白俄罗斯的 10 个反对党和数十个非政府组织 2005 年 10 月初召开"全国民主力量代表大会"，推举西部格罗德诺市前副市长米林克维奇为反对派"共同的"总统候选人，并成立了竞选委员会和"影子内阁"。

两个多月中，米林克维奇已经出访捷克、波兰、乌克兰等国寻求支持。他还走访国内各地，频频会见选民，为竞选造势。米林克维奇深知，在目前的政治力量对比情况下，他想通过选举上台根本无望。因此，反对派组织就开始放风：在白俄罗斯根本就没有真正的民主选举，要想获胜必须靠"街头革命"。它们的策略是：动员几万人在选举的次日涌上广场，抗议当局在选举中"舞弊"。白俄罗斯最大的反对党之一"联合公民党"领导人列别季科在乌克兰会见"波拉"成员时说，即将在白发生的事件"不会是不流血的"，他"倾向于罗马尼亚式革命"。

据白俄罗斯国家安全委员会主席苏霍连科指出，"白俄罗斯和一些外国的破坏力量准备利用竞选运动暴力夺取政权"，反对派组织的一系列活动"旨在为外国干涉白俄罗斯内部事务和施加政治压力创造条件"。他还指出，"在白俄罗斯一些邻国的领土上已经建立了几个培训战斗人员的基地"，"在即将举行的总统选举期间它们将成立战斗队"。苏霍连科还揭露西方情报机构在白俄罗斯进行"非常猖狂和歇斯底里的活动"，招募白俄罗斯公民作它们的间谍。

白俄罗斯虽是一个人口不到 1000 万的国家，但是面对一些西方国家的强权政治和高压政策，卢卡申科政府没有屈服。白俄罗斯当局对"颜色革命"的威胁和危害有清醒的认识，近年来在政治、政权建设、经济、立法、舆论、外交等方面采取了一系列措施。

从苏联解体以及独联体一些国家发生"颜色革命"的教训来看，执政者是否廉洁为民是能否有效抵御"颜色革命"的关键。卢卡申科本人早在1993 年就担任白俄罗斯最高苏维埃反腐败临时委员会主席，享有"反贪斗士"之誉。1994 年 7 月当选总统以来，他更加重视反腐败斗争，从立法、机制、监督、舆论等方面采取措施加以防范和惩治。2005 年 11 月 24 日，他对在白俄罗斯采访的俄罗斯记者发表谈话说："我们采取一切措施，严厉地、不调和地同腐败作斗争。首先是通过立法作斗争，但这不够，俄罗斯和乌克兰等国家都有反腐败的法律，而效果并不好。为什么？首先必须自己诚实和清白。我在国外没有任何账户，无论是在西方，还是在东方都没有。如果有，早就被炒得沸沸扬扬了。尽管采取了防范措施，今年头 9 个月我们国家还是有几千名官员因受贿而被判刑。不能怜悯任何腐败的人，决不能。"据联合国的一份调查报告，在独联体国家中，白俄罗斯的反腐败情况是最好的。

要巩固政权，抵御"颜色革命"的逆流，最重要的是争取本国人民的支持和拥护。在议会或总统选举中，"票数是硬道理"。而选民衡量政权好坏的重要标准就看它是否发展经济和提高人民生活水平。卢卡申科明白这个浅显的道理，把狠抓经济建设放在首位，一切为人服务。据白俄罗斯官方公布的统计材料，2003 年白俄罗斯国内生产总值增长 11%，人均 2300 美元。2004 年再增长 9%，是独联体国家中增速最高的国家之一。2005 年 10 月，职工月平均工资为 235 美元，月平均退休金为 100 多美元。据联合国公布的人文发展指数报告，白俄罗斯在 177 个国家中名列第 67 位，在独联体国家中名列前茅。白俄罗斯政府面向社会的市场经济，特别重视居民的社会保障问题，不仅坚持免费医疗和免费义务教育制度，而且扶助多子女家庭、孤儿、残疾人、老战士等弱势群体。每年用于社会保障的开支占政府预算开支的三分之二以上。在 2007 年的政府预算中，教育、卫生、社会保障的开支将继续增长 17.6%。据白俄罗斯总统办公厅 2005 年 11 月的民意调查，大多数白俄罗斯居民希望保持国内的政治、经济和社会稳定。在农村，卢卡申科总统的支持率为 90%，在城镇为 84%，在首都明斯克为 67%。

白俄罗斯政权很重视通过法律手段防范"颜色革命"发生。2005 年以来，白俄罗斯议会根据新的形势，先后通过了对《政党法》《社会团体法》和《刑法》的修改和补充，制定了《反极端主义法》。《国家新闻安全法》

也在制订中。《政党法》和《社会团体法》规定，白俄罗斯的任何政党和社会团体一律不许接受外国的资金或物质援助。《反极端主义法》规定，"破坏国家安全、企图以暴力改变宪制"也是恐怖活动。《刑法》规定，向外国提供关于白俄罗斯国内形势的虚假情况和损害白俄罗斯信誉的人，将被处以 6个月的拘留或判处 2 年徒刑；向外国呼吁损害白俄罗斯对外安全、主权、领土完整和国家安全的人，将被拘留 6 个月或判处 3 年徒刑；训练严重破坏社会治安者的人，对破坏社会治安提供资金和物质帮助的人，将被拘留 6 个月或判处 2 年徒刑。这些法律的修改引起白俄罗斯政治反对派及一些西方国家的强烈反应，它们认为这些修改"破坏人权"，是对政治反对派活动的高度限制。白俄罗斯政府坚决否认这些指责，加强了对国内非政府组织的监督和管理。

根据白俄罗斯的法律，白俄罗斯政府近年来限制西方非政府组织在白的活动，关闭了美国索罗斯基金会、国际研究和交流协会、"国际伙伴"基金会、社会经济和政治研究所驻明斯克的分支机构，以及由西方国家资助创办的"欧洲人文大学"。美国社会经济和政治研究所和"欧洲人文大学"已转移到距离明斯克 180 千米的立陶宛首都维尔纽斯工作。

白俄罗斯政府努力封堵西方对白俄罗斯政治反对派的资金和物资援助渠道。白俄罗斯边防军多次查出西方外交官用汽车从境外将大批外汇和反对白俄罗斯政权的宣传材料运入白俄罗斯的案件。对白俄罗斯政治反对派非法举行的示威、游行和集会等活动，白俄罗斯当局依法予以坚决打击。白俄罗斯内务部队还进行了针对一些青年团伙大规模骚乱的演习，以便必要时应对政治反对派可能采取的暴力夺权计划。

在防范"颜色革命"的过程中，舆论的作用非常重要。一些西方国家向反对派提供大量资金，仅欧盟就提供了 900 万欧元支持白反对派和非政府组织建立"独立"媒体，资助波兰电视台和"德国之声"广播电台开办针对白俄罗斯群众的广播电台和电视节目，对卢卡申科总统及其政权进行妖魔化宣传。在新闻战线上的斗争非常激烈。白俄罗斯当局加强对新闻媒体的控制和监督，对新闻媒体进行重新登记注册，取缔了一些非法报刊，关闭了若干非法网站。国家新闻媒体经常发表揭露西方干涉白俄罗斯内政、企图颠覆白俄罗斯政权的报道，反击西方和白俄罗斯政治反对派对卢卡申科政府的污蔑、造谣和中伤。白俄罗斯政府指出，随着总统大选临近，西方国家在新闻战线上对白的压力将越来越大。

那些要在白俄罗斯搞"颜色革命"的西方国家深知，如果没有俄罗斯的大力支持，卢卡申科总统很难顶住"颜色革命"的进攻。因此，美国和欧盟派代表团到莫斯科，劝说克里姆林宫不要支持卢卡申科。2005年11月9日，欧盟对外政策专员贝尼塔和欧盟3个部长级官员一起到莫斯科，游说普京总统发挥对卢卡申科的影响，允许欧盟国家观察员监督2006年的白俄罗斯总统选举并为他们提供一切必要的工作条件。然而，白俄罗斯为了抵御"颜色革命"，在外交战线也展开了一系列活动，寻求更多的国际支持，改善自己的国际处境。在俄白联盟国家建设日益推进的背景下，莫斯科对白俄罗斯的支持坚定、明确而有力。俄罗斯前外长、俄罗斯联邦安全会议秘书伊万诺夫2005年11月29日与白俄罗斯国家安全会议秘书涅维格拉斯会晤后表示，双方讨论了"共同应对对白俄罗斯施加的外来政治压力的立场"以及"在俄白联盟国家范围内安全保障的问题"。他说，措施之一就是将俄罗斯两个S-300防空导弹营交给白俄罗斯。第一个营将于2006年3月部署。

在2006年3月举行的总统选举中，卢卡申科蝉联总统，西方"颜色革命"的企图没有得逞。此后，在2010年12月和2015年10月举行的两次总统选举中，卢卡申科又连任总统。这是白俄罗斯保持国家稳定和发展的重要保障。

七、萨姆索诺夫——世界乒坛的常青树

白俄罗斯人爱好体育，而且在世界各种体育比赛中不断取得优异成绩。著名的乒乓球运动员弗拉基米尔·萨姆索诺夫就是其中的佼佼者。

2008年8月，北京举行夏季奥运会前夕，中国中央电视台记者到明斯克采访萨姆索诺夫。作为新闻参赞，我陪同记者前往采访。

当时萨姆索诺夫和他的父亲、妻子、两个孩子一起在格罗德诺州一个风

景如画的疗养所休息，一方面使自己的身体达到最佳状态，一方面做参加奥运会的准备。白俄罗斯国家乒乓球男队和女队队员们也在该疗养所做赛前准备。

◆ 作者和萨姆索诺夫一家合影

在回答他是如何使自己成为国际乒坛"常青树"的问题时，萨姆索诺夫说："至于我为什么能够较长时间地保持打乒乓球的好状态，没有什么秘诀。因为我很小就开始打球，今年 32 岁，还不老。我也没有受过重伤。仍喜欢打球，也想继续参加重要的国际比赛如奥运会，并想赢得奖牌。"

谈及 2000 年在悉尼奥运会上输给瓦尔德内尔一事，他说，当时瓦尔德内尔的技术和精神状态很好，他不仅赢了我，而且在半决赛中赢了刘国梁。

他认为，在北京奥运会上，王皓、王励勤和马琳获奖的可能性最大，但是德国的波尔、韩国的柳承敏、奥地利的施拉格也有可能取得好成绩。

身高 1.9 米的萨姆索诺夫认为，个儿高对于打乒乓球有利有弊，个儿高防守范围大，有利于防守，但动作没有个儿矮的运动员灵活。关键在于训练，克服个子高带来的不利影响。他说，对于打乒乓球来说，他的身高应是极限，比他更高的人或许不适合打乒乓球。

关于他的业余爱好，他说，他几乎没有什么业余爱好。所有时间都用于练球和参加比赛。休息时间就想和家庭在一起。妻子娜塔莎是塞尔维亚人，1998年他在贝尔格莱德参加国际比赛时相识。2008年7月1日是他们结婚8周年纪念日。他们有两个儿子，大儿子维克托7岁，上一年级。小儿子伊万4岁。

◆ 萨姆索诺夫和小儿子伊万

为了参加北京奥运会，萨姆索诺夫已经花费很多时间和精力，并且得到家庭、教练和其他很多人的支持和帮助。他希望自己能在北京奥运会上获得奖牌。

萨姆索诺夫的教练亚历山大·佩特科维奇对我说，中国乒乓球运动员在北京奥运会上优势最大，中国女子选手获胜的可能性为99%，几乎没有对手。由于奥运会规定每个国家只能有3名运动员参加一个项目的比赛，对中国是个限制，因此，比赛将更加激烈。2004年雅典奥运会上韩国选手赢得男单冠军就是例子。北京奥运会上，乒乓球男子运动员除中国运动员外，可能获奖牌的还有德国的波尔、白俄罗斯的萨姆索诺夫、丹麦的梅兹、韩国的柳承敏等。萨姆索诺夫是一个很认真的运动员，练球很刻苦，最近 12 年来，他一直是世界上最强的 10 名选手之一。他曾赢过王皓和王励勤。2008 年上半年，在斯洛文尼亚和白俄罗斯举行的国际乒乓球公开赛上萨姆索诺夫获得冠军，在新加坡乒乓球公开赛上获得亚军。

萨姆索诺夫的妻子娜塔莎说，萨姆索诺夫是个很聪明的小伙子，他很善良，助人为乐，是个"好丈夫、好父亲、好运动员"。"我们等待他从北京奥运会带金牌回来"。

萨姆索诺夫的父亲也说，瓦洛佳（萨姆索诺夫的小名）不抽烟，不喝酒，有时和朋友们在一起，才喝半杯香槟。他对打球很认真。迄今共获得 200 多块奖牌，其中 100 多块是金牌和银牌。萨姆索诺夫的父亲为儿子感到骄傲。他认为，世界前 10 名优秀乒乓球运动员是一样的，都有可能获得奥运会奖牌，主要取决于比赛时的情绪等条件。他希望儿子在北京奥运会上走运。

但是，在北京奥运会男单八分之一比赛中，萨姆索诺夫与瑞典老将佩尔森苦战 7 局，败下阵来。

一晃 8 年过去了，2016 年 8 月 12 日，我怀着极大的兴趣观看了中央电视台实况转播的里约奥运会乒乓球男单铜牌争夺赛。比赛进行得十分激烈，双方都表现出世界一流的水准。结果是 27 岁的日本选手水谷隼以 4∶1 战胜 40 岁的萨姆索诺夫，为日本队赢得历史上第一枚奥运乒乓球奖牌。老萨虽然没能拿到奖牌，但男单第四名是他参加六次奥运会以来取得的最好成绩。他对记者说："这是我第一次（在奥运会单打比赛中）进入铜牌争夺赛，这对我来说是个好结果。当然，我希望赢得奖牌，希望今后还有机会，或许这个机会将在东京奥运会上出现吧。"

萨姆索诺夫这种积极向上、永不言败的精神，正是白俄罗斯人民勤劳勇敢、刻苦进取优秀品质的反映。

（本文原载于《中国外交官看白俄罗斯》，新华出版社 2016 年 12 月版。）

白俄罗斯的"中国通"记者
——舍曼斯基和阿利娜

2005 年 7 月，我赴中国驻白俄罗斯使馆任新闻参赞。由于我年轻时当过新闻编辑和驻外记者，对记者们有一种特别的感情，深知要当好新闻参赞，最重要的是要与白俄罗斯新闻记者们交朋友，尽可能为他们的报道工作提供好的服务。

一、最了解中国的白俄罗斯记者——舍曼斯基

第一天上班，使馆负责新闻工作的三秘孙福忠带着我拜访使馆各位领导和同事：于振起大使、董春风参赞及其夫人马吉霞一秘、殷卫国武官、陈代文一秘、负责科技处的李长华一秘等等。令我印象深刻的是，几乎在他们每个人办公室的书柜里，我都看见了三本关于中国的书：《你好，中国!》《开放的中国》《亲近的中国》，作者是米哈伊尔·尼古拉耶维奇·舍曼斯基。我好奇地询问，舍曼斯基何许人也？

使馆同事们笑着告诉我，白俄罗斯男人一般不是"司机"，就是"围棋"或"懦夫"。舍曼斯基是"司机"（因为白俄罗斯人的姓大多以"斯基""维奇""诺夫"结尾，所以中国人幽默地称他们为"司机""围棋""懦夫"）。

舍曼斯基是白俄罗斯最负盛名的新闻记者之一，白俄罗斯《共和国报》总编辑阿纳托利·列梅肖诺克称他为"白俄罗斯的新闻泰斗"。舍曼斯基1935 年出生于白俄罗斯布列斯特州别列佐夫区佩什基村一个贫农家庭。1945—1955 年在小学和中学读书。15 岁时给苏联报刊投稿而被采用，这对

他后来从事新闻工作具有很大影响。1955—1958 年，他在军队服役期间，开始为部队报刊撰稿。1958 年，进入白俄罗斯国立大学新闻系学习，同时担任白俄罗斯国防部机关报《红星报》的编外记者。

1970—1994 年，他担任苏联政府机关报《消息报》白俄罗斯记者站记者。在这 25 年中，他声名鹊起，被誉为"报道白俄罗斯最多、最精彩的记者"，1985 年，荣获"白俄罗斯功勋文化工作者"称号。

苏联解体后，1994 年，他转到白俄罗斯政府机关报《共和国报》任国际部主任。到 2010 年，他从事新闻工作已有半个世纪，撰写了数百万字的报道。由于对新闻工作的杰出贡献，舍曼斯基曾获得白俄罗斯"荣誉"勋章、白俄罗斯工会奖、白俄罗斯新闻工作者协会"金笔"奖等各种荣誉，并多次在白俄罗斯新闻作品大赛中获奖。1998 年，他在国际新闻节上被评为年度伦理道德新闻作品最佳记者。

除新闻报道外，他还著书 22 本，其中三本是关于中国的。1999 年中华人民共和国成立 50 周年前夕，舍曼斯基应邀访华，这是他第一次访问中国。在中国的所见所闻使他激动不已，回国后，他很快就撰写出版了关于中国的第一本书《中国，你好!》(2001 年)。这也是白俄罗斯最早出版的关于中国的图书之一。2002 年，他关于中国的第二本书《开放的中国》在明斯克出版。他在序言中写道："中国取得的巨大成就令世界瞩目。这些成就是由勤劳智慧的中国人民取得的，也是中华人民共和国领导人执行明智政策的结果。坦率地讲，中国对我个人有一种神奇的难以抗拒的吸引力。中国和中国人民以其悠久的文化传统丰富了全人类。因此，我是怀着一种激动的心情和对中国及中国人民充满热爱和尊重的感情写这本书的。我殷切地希望，本书的读者在自己的心中也能够产生类似的感情。"此书出版后引起很大反响，舍曼斯基因此获得当年白俄罗斯最高文化艺术奖项——总统特别奖。

2005 年，舍曼斯基关于中国"三部曲"的第三本书《亲近的中国》出版，好评如潮。人们惊叹：在不到五年内就撰写并出版三本关于中国的著作，这需要付出多大的热忱和精力啊!

如果要问，白俄罗斯记者和作家中谁撰写中国最多？那非舍曼斯基莫属！可以说，舍曼斯基是新独立的白俄罗斯国度里对中国最了解、最友好的记者之一。

我急切地想见到这位如雷贯耳的"名记"（著名记者）。几天后，我就来到位于明斯克市赫梅利尼茨基大街的白俄罗斯新闻大厦拜访舍曼斯基。

新闻大厦是一座白色建筑。白俄罗斯官方主要报刊——以俄文出版的《苏维埃白俄罗斯报》《共和国报》《人民报》《白俄罗斯田野报》《星报》《为了祖国的荣誉》《青年旗帜报》等报刊的编辑部都设在这座楼里。主要报社占一个楼层，有的报社占半个楼层。我乘电梯来到《共和国报》所在的第六层，舍曼斯基在他的办公室门口迎接我。他头发雪白，留着短发，中等个儿，一米六五左右，身材比较胖。他面带微笑，和蔼可亲，一双眼睛炯炯有神。

落座后，我作了自我介绍，其中谈到，1976—2000 年，我先后在新华社、《中国青年报》和《光明日报》工作 25 年，与他是同行；现在作为中国驻白俄罗斯使馆第一任新闻参赞来明斯克工作，希望在今后工作中得到他的支持和帮助。

舍曼斯基说，中国大使馆增加一名新闻参赞，这充分说明中国政府高度重视作为公共外交一部分的对外新闻工作。在白俄罗斯获得独立不久、白中两国人民尚缺乏相互深入了解的情况下，这是很有必要也非常及时的。他相信，由于我具有新闻工作的经历，我们一定能够合作得很好。

过了不久，8 月 1 日前夕，中国驻白俄罗斯大使馆武官殷卫国在明斯克环球饭店举行庆祝中国人民解放军建军节招待会，嘉宾如云，高朋满座。舍曼斯基作为中国使馆的好朋友和中白友好积极分子也受邀参加。席间，他主动把新闻界一些精英介绍给我，包括总统新闻局局长帕维尔·廖赫基、白俄罗斯国家通讯社社长德米特里·茹克、《人民报》总编辑弗拉基米尔·安德里耶维奇和副总编辑利季娅·佩雷瑟普金娜、《苏维埃白俄罗斯报》国际部主任尼娜·罗曼诺娃。一下子认识了这么多新闻界名流，这让我非常高兴，也对做好新闻参赞的工作增强了信心。

一晃就到了 2006 年 5 月，一年一度的白俄罗斯国际媒体展在白俄罗斯国家展览中心举行。中国使馆将参加展览并布置一个展台。我请教舍曼斯基,白俄罗斯观众对中国的哪些新闻和文化题材感兴趣。舍曼斯基说,介绍中国名胜古迹的各种画册、俄文杂志《中国》在白俄罗斯读者中颇受欢迎,可以多放一些。为此,我特地向《中国》杂志编辑部申请多给驻白俄罗斯使馆几百册杂志。

展览开始后,《中国》杂志确实很抢手,有的老年参观者甚至多次来索取,供不应求。

正如舍曼斯基所说,吸引人们到中国展台的还有中国文化和新闻方面的其他展品,如秦始皇兵马俑、八达岭长城画册和中国民族音乐等影像资料。舍曼斯基用俄文撰写的关于中国的"三部曲",也为我们的展台增色不少。

作为中国人民的好朋友,舍曼斯基痛中国人民之所痛,急中国人民之所急。2008年5月12日,四川省阿坝藏族羌族自治州汶川县发生8.0级地震,6.9万余人遇难,37.4万余人受伤,近两万人失踪。世界各国政府、民间团体和个人纷纷伸出友谊之手,帮助中国人民克服地震造成的困难。白俄罗斯政府决定向中国援助20吨帐篷和棉被等救援物资,由白俄罗斯紧急状态部派专机运往四川。

舍曼斯基获悉后,立即给我打来电话表示慰问。5月19日至21日中国全国哀悼日期间,中国驻白俄罗斯大使馆降半旗致哀,并设立吊唁簿。马丁诺夫外长、舍曼斯基和他的同事们也前来吊唁。吴虹滨大使在白俄罗斯国家新闻中心就汶川地震举行记者招待会,介绍地震灾情和中国政府采取的举措。舍曼斯基参加记者招待会并作报道。

每逢中华人民共和国国庆、中国驻白俄罗斯大使馆举行重要活动,舍曼斯基不顾年迈,总要来采访中国大使或报道活动。他发表在《共和国报》的报道或文章,成为人们了解中国和中白关系发展的一个窗口。

2011年7月27日,舍曼斯基应邀来中国大使馆参加鲁桂成大使为我离任和新的参赞到任举行的招待会。一见面,他就把一本书送给我。我接过来一看,只见封面上写着,"我的信仰——我的白俄罗斯"。这正是舍曼斯基在自己75岁生日、从事新闻工作50周年前夕出版的回忆录。

他在扉页上写道：

　　尊敬的王宪举！我荣幸地把自己的
书赠送您。让它成为您对白俄罗斯的美
好记忆。您在中国驻白俄罗斯大使馆期
间卓有成效的工作，令人难忘。我感到
幸运的是，命运赠予我与您这样出色、
具有很高的专业水平、非常勤奋、善良
和负责任的人建立了友谊。而我，像所
有白俄罗斯新闻工作者一样，和您——
我们的好朋友一起工作感到很愉快。非
常感谢您所做的这一切以及您对白俄罗
斯的热爱！向您致以最美好的祝愿！

　　　　　　　米哈伊尔·舍曼斯基

　　　　　　　2011 年 7 月 27 日

　　　　　　　于白俄罗斯明斯克

◆ 舍曼斯基的著作《我的信仰——我的白
俄罗斯》

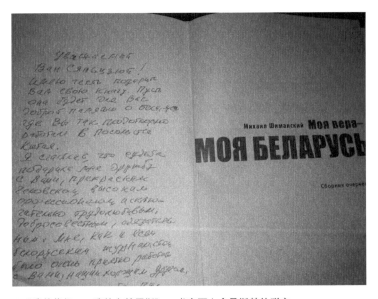

◆《我的信仰——我的白俄罗斯》一书扉页上舍曼斯基的赠言

很多白俄罗斯新闻界朋友都来参加招待会,这让我非常感动。我十分动情地谈了自己的感想:"我在美丽的白俄罗斯工作了六年。这六年,是白俄罗斯清洁的水、干净的空气和生态的食品养育了我。是你们——亲爱的白俄罗斯朋友们,支持和帮助我克服各种困难,做了一些力所能及的工作,以加强我们两国在新闻、文化等领域的合作。今天,我再次向你们表示真挚的感谢!如果没有你们的帮助,我是很难做好自己作为新闻参赞的工作的。虽然我即将离开白俄罗斯,但是你们将永远留在我的心里、我的脑海里、我的记忆中。回国以后,我将继续努力,为发展中白友好合作而尽自己的绵薄之力!"

在我发言后,《人民报》总编辑安德里耶维奇、白俄罗斯国家科学院哲学研究所所长拉扎列维奇和舍曼斯基即兴发言,对我离任表达了依依不舍的心情。舍曼斯基说,王宪举参赞在明斯克工作期间组织了很多新闻活动,为扩大中国在白俄罗斯的影响、促进中白关系发展做了许多工作,他是外国驻白俄罗斯新闻官中最积极的一位。白俄罗斯新闻媒体人士视他为自己的好朋友。

我没有想到舍曼斯基会临场发言,更没有料到他会称我为"最积极的新闻官"。我为中白友好事业做了一些工作,得到白俄罗斯新闻界朋友的肯定,这使我感到高兴。然而,我更高兴的是结识了像舍曼斯基这样的白俄罗斯杰出的新闻工作者,正是由于他们的支持和帮助,我才能较好地完成使馆新闻官的工作。

光阴荏苒,日月如梭。离开白俄罗斯以后,我依旧关注着这个国家的形势以及中白关系的发展进程。我高兴地看到,舍曼斯基虽已耄耋之年,仍老当益壮,笔耕不辍。2011年中华人民共和国国庆节前夕,他采访了鲁桂成大使。鲁大使向白俄罗斯读者介绍了我国和平发展的近中期目标,重点谈"十二五"规划。2013年10月1日,白俄罗斯政府机关报《共和国报》又以"白中两国人民走在同一条道路上"为标题,整版刊载了舍曼斯基对中国驻白俄罗斯大使宫建伟的国庆专访文章。宫建伟大使重点就中共十八大精神的落实情况、中国经济发展状况、"中国梦"的内涵、中白两国关系及务实合作等问题回答了记者提问。

舍曼斯基先生热爱祖国，努力工作，为发展中白关系添砖加瓦的精神令我感动不已，他永远值得我学习！

二、最积极报道中白关系的记者——阿利娜

白俄罗斯国家通讯社记者阿利娜是我最早认识的白俄罗斯记者之一。我刚到使馆工作时，就听使馆同事们说，白俄罗斯国家通讯社记者阿利娜对中国很友好，多年来积极报道中国和中白关系的各种活动，是我们使馆的老朋友。

阿利娜·塔杰乌舍夫娜·格里什凯维奇 1984 年毕业于白俄罗斯国立大学新闻系，2005 年又以优异成绩毕业于总统管理学院对外政策和外交专业，后又攻读白俄罗斯国立大学国际关系系研究生课程。2001 年以来，她担任白俄罗斯国家通讯社总统活动报道组特派记者和评论员，经常跟随卢卡申科总统外出并对其活动进行报道。

由于报道工作出色，她曾荣获一系列奖章和荣誉称号，如功勋新闻工作者、白俄罗斯新闻工作者协会奖、第 11 届白俄罗斯新闻媒体大赛"金笔"获得者。

我到使馆后不久，就接到阿利娜打来的电话，要求采访中国新任驻白俄罗斯大使吴虹滨。我请示吴大使后回复她：卢卡申科总统即将对中国进行国事访问，最近吴虹滨大使将在中国大使馆举行记者招待会，特邀她参加并提问。

记者招待会那天上午，阿利娜提前来到中国大使馆。她 30 多岁，身材不高，一米六左右，桃型脸，杏花眼，浓密的栗色头发，端庄的举止，给人以善良、精干的印象。

阿利娜在大厅前排坐下，以便提问。

吴虹滨大使首先简略地谈了中国和白俄罗斯关系发展的现状和前景。他说，卢卡申科总统这次访问是在中白两国关系持续发展的背景下进行的，是中白两国关系符合逻辑的发展，将把两国关系推到新的高度。中国正认真准

备这次访问，将热情接待白俄罗斯人民的友好使者和中国人民的老朋友。

为了使记者招待会更有针对性，吴大使马上请记者们提问。

阿利娜第一个站起来提问："请问大使先生，白中关系发展的主要动力是什么？您认为两国关系应在哪些领域优先发展？"

吴虹滨大使说，中国重视发展同白俄罗斯的关系，把白看作可靠的朋友。这是因为，我们两国在当代世界面临的主要问题，如和平与发展、建立多极世界等问题上有相同的立场；两国在关系到对方根本利益的重大问题上一贯相互支持。白俄罗斯是首先支持中国通过《反分裂国家法》的国家之一。中国在联合国人权委员会会议上历来反对一些国家以保护人权为借口干涉白俄罗斯内政。中白一直在平等互利的基础上发展全面关系，中国历来把白俄罗斯看作平等的伙伴，尊重白俄罗斯人民的政治选择，从不对白俄罗斯内政说三道四。中国政府支持白俄罗斯政府为维护社会稳定、发展国民经济和捍卫国家主权所作的努力，认为白俄罗斯政府的政策有利于地区的稳定和发展。

关于卢卡申科总统访华，吴大使说，中白最高级会晤将给两国经济、科技合作奠定更加坚实的基础。可以预见，今后几年两国贸易额将大幅度增加，达到十亿美元是完全可能的。为了保证经贸合作过程的健康发展，我们应注意以下几点：

第一，在确定合作项目时要有科学的态度，要量力而行；

第二，要在市场经济规律的基础上开展合作，政府不应过多干预企业的商业行为；

第三，鼓励两国企业建立直接联系，现在有好的势头，但是还不够。

谈到文化交流，吴大使说，我们两国的文化交流还远远不能适应两国政治关系的水平。对彼此的文化和历史了解不够，直接影响两国人民的相互理解。新闻界的往来也很少。希望今后两国能有更多的文化艺术团体互访，有更多的新闻记者交流。

接着，记者们踊跃提问，问题涉及中白关系各个方面。

记者招待会结束后，阿利娜对我说，吴大使对白中关系的评价非常中肯和务实。她特别注意到大使指出要加强两国新闻记者之间的交流与合作，她希望自己能有机会再次到中国采访。

阿利娜是报道中国和中白关系各种活动最积极的记者，凡是在明斯克举行的有关中白关系的活动，一般都能见到她的身影，看到她的有关报道。和舍曼斯基一样，她也是采访中国大使最多的记者之一。每逢中华人民共和国国庆、中白两国领导人互访或两国关系的重大事件，阿利娜都要采访中国大使。后来，她又把采访对象扩大到大使夫人。2015 年 2 月 16 日，在中国传统佳节春节前夕，阿利娜采访了中国驻白俄罗斯大使夫人李爱民，请她介绍中国春节传统文化、习俗、食品以及妇女如何参与春节的准备和庆祝活动。这一专访报道受到白俄罗斯读者的特别青睐。

为了促进中白两国新闻工作者的合作，我一直努力推动两国新闻记者互访，也一直留心是否有机会邀请阿利娜访华。

这样的机会终于来到了。为让国际社会了解 2008 年北京奥运会筹备情况，国务院新闻办公室准备邀请一批白俄罗斯记者访华。我负责具体落实这个计划。2007 年 8 月，阿利娜和其他几位白俄罗斯记者一起，来中国进行了采访报道。他们访问了北京、上海和河南少林寺。

这次中国之行使阿利娜兴奋不已。回国后，她写了很多专题报道，并在白俄罗斯通讯社周报《七日》上发表连载文章，从各个方面介绍中国。她曾对我说，想把这些文章以及多年来她所撰写的关于中国和白中关系的其他文章结集成书出版。我期待她的愿望成真。

2012 年年初，为了纪念中白建立外交关系 20 周年，由白俄罗斯前驻华大使阿纳托利·托济克领衔的 20 位白俄罗斯友人合作编撰的图文并茂的文集《白俄罗斯人看中国》出版。其中有阿利娜撰写的题为"少林寺方丈的礼物"的文章，回顾了 2007 年她访问北京、上海和河南少林寺的情景和体会。她对八达岭长城、天坛、藏医院、浦东新区和陆家嘴的描写，生动逼真，给人留下深刻印象。尤其是对访问少林寺并与释永信方丈会见的介绍，充满热情、尊重和友谊。她在文章结尾写道："中国人民正在努力将自己的生活变为美丽的童话，也为了子孙后代的幸福而不断创造。中国千年的历史使这个民族养成了勤劳、顽强、团结、自信的美德。"

文如其人。阿利娜的文章切实反映了她对古老而生机蓬勃的中国及其伟大人民的深情厚谊，体现了她对发展白中关系的真诚愿望。为了编辑出版此书，2011 年大半年，阿利娜除了上班，几乎把所有业余时间都用在了编辑文章和选配图片上。

由于对发展中白关系所作的积极贡献，阿利娜被选为白中友协副主席、白俄罗斯对外友好和文化联络协会副主席、白俄罗斯妇女联合会理事。

自从习近平主席提出共建"一带一路"的倡议后，报道和研究中白在共建"一带一路"倡议下的合作成为阿利娜的一个重要课题。她认为，习近平主席关于共建"一带一路"的倡议具有重要意义，白中两国开展这方面的合作将深化两国"相互信任、互利共赢的全面战略伙伴关系"。近年来，她经常参加关于共建"一带一路"倡议的各种研讨会，就此发表自己的观点，为推动中白在共建"一带一路"特别是"巨石"工业园建设上的合作而贡献自己的力量。

2023 年 10 月，应浙江树人学院邀请，阿利娜访问该校，采访李鲁校长，并为师生做了几场讲座，受到好评。

◆ 阿利娜向浙江树人学院校长李鲁赠送自己的新书并签名

◆ 李鲁校长会见阿利娜

◆ 阿利娜讲座的海报

◆ 阿利娜参加座谈，介绍自己的新书

◆ 阿利娜做讲座

三、友好的白俄罗斯新闻界

对中国热情友好、积极致力于中白合作的舍曼斯基和阿利娜只是白俄罗斯新闻界的两位代表而已，在他们的背后，是对中国抱着友善态度和促进中

113

白关系发展的白俄罗斯新闻舆论界。如果与独联体其他国家相比较，白俄罗斯新闻界对中国的友好程度恐怕是最高的。

白俄罗斯共有约 1255 种报刊。其中，发行量和影响最大的报纸是《苏维埃白俄罗斯报》，1927 年创刊，是总统办公厅机关报，用俄、白两种文字出版，发行量约 40 万份。该报社有一位总编辑和五位副总编辑，下设政治新闻部、国际政治新闻部、文化部、研究部、记者部、特别项目部、发展部、广告部等。该报社还出版《明斯克时报》《谈话者报》《联盟报》（周刊）和《白俄罗斯》杂志（月刊）。《苏维埃白俄罗斯报》每周一至周五发行，每天 24 版，包括政治、评论、经济、生活、社会、健康、文化、体育等栏目。该报驻北京记者伊内萨·普列斯卡切夫斯卡娅曾长期活跃在中国，是白唯一的驻华记者。可惜，2013 年她离任回国后，该报没有再派记者常驻中国。

白俄罗斯的另一家政府机关报是《共和国报》，也是日报，1991 年创刊，混用俄、白两种文字出版，发行量约 9.4 万份。《人民报》创刊于 1990 年，原来是议会机关报，现改为政府机关报，混用俄、白两种文字出版，发行量约 2.8 万份。《星报》是议会机关报，有工作人员 80 人，每周出版 5 天，只用白俄罗斯文出版。《为了祖国的荣誉》是国防部机关报，混用俄、白两种文字出版，发行量约 1.7 万份。《青年旗帜报》是国家青年事务委员会和白俄罗斯青年爱国联盟机关报，混用俄、白两种文字出版，发行量约 1.9 万份。《白俄罗斯田野》是政府所属农业报，混用俄、白两种文字出版，发行量约 3.5 万份。《新闻球》报创办于 1991 年，属私人办报，有工作人员 41 名，每周出版 3 次，周二出版 24 版，周四和周五各 16 版，以体育新闻和评论为主。该报不仅报道比赛结果，而且采访教练、运动员等人物，分析比赛胜败原因，把读者当作专家、内行，力求报道使他们满意，所以是白俄罗斯最受欢迎的体育报纸，订户约 2.53 万户。《体育全景报》是日报，是白体育和旅游部机关报，创办于 1951 年 6 月 1 日，有工作人员 37 名，订户大约 7600 户。《白俄罗斯实业报》是独立报纸，用俄文出版，发行量约 1.1 万份。《人民意志报》是反对派的报纸，混用俄、白两种文字出版，发行量约

2.8 万份。

除了纸质媒体外，白俄罗斯主要通讯社是白俄罗斯国家通讯社（白通社），其前身是 1921 年 1 月成立的俄罗斯电讯社白俄罗斯分部，1931 年 3 月正式改称白通社，现隶属总统办公厅，共有 176 名工作人员，其中记者 55 人，向白及其他独联体国家的 220 家新闻单位提供白俄罗斯语、俄语和英语新闻。

白俄罗斯国际文传电讯社隶属于俄罗斯国际传媒集团"国际文传电讯社"，1994 年成立。该通讯社凭借专业和客观的报道赢得了声誉，成为白俄罗斯最具权威性的新闻媒体之一。

独立通讯社"别拉潘"成立于 1993 年，约有 70 名工作人员，其中记者 35 人。该通讯社不仅报道白俄罗斯的重大事件，而且发表自己的评论。其评论不完全与官方一致，经常有自己独特的分析和观点。很多评述显示出倾向于欧盟的立场。

白俄罗斯国家广播电视公司直属总统管辖，公司主席、副主席由总统任免。公司下辖新闻部、电视台、电台、无线电技术中心和商业广告部，在各州设有分部，其广播电视服务覆盖全国。该公司共有约 3000 名专业人员。

白俄罗斯广播电台创建于 1925 年 11 月，现有专业人员 420 名，在两个无线电波段上用单声道和立体声播出四套节目：第一套节目每天播出 19 小时；第二套节目每天播出 16 小时；"首都"广播电台每天播出 12 小时。以上三套节目混用俄、白两种语言广播，乌克兰、波兰、立陶宛、拉脱维亚与白相邻地区及俄罗斯乌拉尔以西地区可收听到。"白俄罗斯"国际电台每天用白俄罗斯语、俄语、德语、英语对美国、加拿大、澳大利亚及 20 多个欧洲和非洲国家广播 4 小时。

白俄罗斯国家电视台创建于 1956 年，现有各类专业人员 890 名，下设电视节目管理处及社会节目、少年儿童节目、科普与教育节目、电视片和体育节目 5 个创作联合体和青年节目、文艺节目、音乐与娱乐节目 3 个编辑部；混用白俄罗斯语和俄语播出，日播出时间约 20 小时。

公共电视台，也叫白俄罗斯国家电视二台，是国家控股的股份公司，国家占 51%，其余 49% 股份由白俄罗斯国家银行等一些国有大公司拥有。该台自制节目较少，多采用其他电视台摄制的节目。

可以说，白俄罗斯新闻媒体是独联体国家中对华最友好、最积极报道中国的媒体。它们对促进中白两国关系的发展起到了重要作用。舍曼斯基和阿利娜正是白俄罗斯这种友好报道方针的积极执行者和生动体现者。此外，在我担任使馆新闻官的六年里，我的工作还得到白俄罗斯其他新闻单位及其领导的支持和帮助。

2008 年 3 月 14 日，西藏拉萨发生了打砸抢烧严重暴力犯罪事件。这是由达赖集团有组织、有预谋、精心策划煽动，由境内外"藏独"分裂势力相互勾结制造的。他们企图把事件闹大，从而破坏即将在北京举办的夏季奥运会。4 月 24 日，白俄罗斯最大的报纸《苏维埃白俄罗斯报》刊登了吴虹滨大使就西藏和北京奥运对该报记者发表的长篇谈话。

吴大使介绍了拉萨发生的打砸抢烧严重暴力犯罪事件的真相，指出，达赖集团和西方国家的部分人士称此次暴力犯罪行动是"和平示威"，而把中国政府依法惩治暴力犯罪的行动称为"镇压和平示威"，这是颠倒黑白、歪曲事实。他对白俄罗斯外交部完全支持中国政府在西藏问题上的立场表示感谢。

吴大使讲述了西藏的历史和发展现状。他说，西藏自古以来就是中国领土不可分割的一部分。自 13 世纪起，中国中央政府就一直对西藏实施有效的管辖。他引用一些统计数字说明，1959 年实行民主改革以来，西藏在经济、社会、文教、医疗等各领域都取得巨大成就。

在阐述中国政府对达赖喇嘛的立场时，吴大使指出，达赖曾是西藏最大的农奴主和最高统治者，现在是西藏分裂势力的所谓"精神领袖"，是"3·14"事件的幕后策划者。"西藏流亡政府"下属的"西藏青年大会"是一个恐怖组织，直接参与了包括"3·14"事件在内的所谓"西藏人民大起义"的策划。吴大使强调，中国人民反对分裂、拥护祖国统一、维护社会稳定的决心是坚定不移的，任何破坏西藏稳定、制造分裂的图谋都注定要失败。

关于北京奥运，吴大使说，奥运圣火是和平、友谊、和谐、合作与光明的象征，属于全人类。破坏奥运火炬传递是对奥运精神和全世界爱好和平人民的挑战。他感谢白俄罗斯总统卢卡申科发表声明坚决支持北京奥运会。

4月20日，白俄罗斯国家电视一台也播放了该台记者就北京奥运会等问题对吴大使的采访。

2008年6月5日至7月20日，中国驻白俄罗斯使馆和白俄罗斯《人民报》联合举行名为"让北京奥运会离我们更近"的知识竞赛。有关北京奥运会的13个问题在《人民报》刊登后，该报编辑部收到了大量来自白俄罗斯全国各地的参赛答卷。参加知识竞赛的不仅有中小学生，而且有各行各业的体育迷、奥运迷和对中国感兴趣的人士。中国驻白俄罗斯使馆和《人民报》编辑部经过认真评选，确定了知识竞赛的两个第一名、两个第二名和三个第三名。8月5日，这些获奖者从布列斯特、维捷布斯克、莫吉廖夫等地赶到中国驻白俄罗斯使馆参加颁奖仪式，有些获奖者的父母也陪同参加。

象征"北京欢迎你"的充气福娃在中国使馆内热情地迎接来宾。大厅幕布上悬挂着印有北京奥运会会徽的旗帜，旁边矗立着祥云火炬。反映北京奥运会的图片和本次知识竞赛部分获奖者的答卷陈列在几张桌面上。来宾们高兴地与福娃、祥云火炬合影。大厅内洋溢着热烈喜庆的气氛。

颁奖仪式上，还放映了介绍2008北京奥运会的宣传片集锦《同一个世界，同一个梦想》。

在成功举办北京奥运会知识竞赛的基础上，为庆祝中华人民共和国成立60周年，中国驻白俄罗斯使馆和白俄罗斯《人民报》从2009年3月28日到7月30日举行了"关于中华人民共和国的知识竞赛"。参赛者非常踊跃，数以百计的答卷来自白俄罗斯各个州，不仅有大中小学生，而且还有不少中老年人。9月25日下午，在新中国60岁生日前夕，中国驻白俄罗斯使馆和白俄罗斯《人民报》联合在使馆举行新中国60周年知识竞赛颁奖仪式。大使夫人敬明女士及使馆部分人员参加了此次颁奖仪式。在一片悠扬的中国古典乐曲声中，此次竞赛的9名获奖者以及来自明斯克第12中学、第23中学等4所教授汉语中学的小朋友们兴致勃勃地来到使馆大厅，一声声"你好"表达了他们激动的心情和对中国的热爱之情。

敬明女士致辞说，举办关于新中国的知识竞赛是一项很有意义的活动，它起到了促进两国人民特别是青少年文化交流的作用。中国大使馆的任务之一就是尽力促进两国人民之间的相互了解。希望今后有越来越多的白俄罗斯朋友更加关注中国，成为中白文化交流的桥梁。

敬明女士与白俄罗斯《人民报》副总编辑向获奖者颁发了奖品，全场气氛热烈。一等奖获得者冈恰罗夫发表感言说，非常荣幸能参加这次知识竞赛，从中学到了更多关于中国的知识。他衷心地祝福中国生日快乐。另一位获奖者巴什科说，为了实现妈妈的愿望，他参加了这次知识竞赛，也正是通过这次参赛，他深深地爱上了中国这个伟大的国家。

来自明斯克市的萨沙小朋友已经是第二次参加知识竞赛了，他不仅正确地回答了问题，而且精心制作了竞赛答卷，获得三等奖。12 岁的萨沙在父亲的陪伴下来到了颁奖现场。他说，有关中国的一切都令他感到惊奇，令他向往。

颁奖仪式持续了一个多小时，大厅内到处都在谈论着有关中国的话题。颁奖仪式结束后，大家意犹未尽，记者们争相采访敬明女士。敬明女士笑容可掬，高兴地回答了中国语言和文化、中白文化交流等方面的问题。

由于有了举办这两次竞赛的经验，2010 年 4 月，中国驻白俄罗斯使馆、中国国际广播电台、白俄罗斯国家电视广播公司和白俄罗斯《人民报》共同举办了上海世博会知识竞赛。竞赛的有关问题在白俄罗斯《人民报》上分四次刊登，并由白俄罗斯广播电台不断播发。参赛者将答卷直接邮寄或以电子邮件方式发给负责判题的中国国际广播电台。

2010 年 8 月 23 日，四家主办单位在明斯克举行上海世博会知识竞赛优胜者颁奖仪式。白俄罗斯国家电视广播公司总裁齐莫夫斯基、《人民报》总编辑安德里耶维奇、中国国际广播电台副总编辑李忠尚出席仪式并讲话。

我代表竞赛组委会宣布了优胜者名单：白俄罗斯国立大学建设处处长普里戈季奇荣获特等奖，他将获得中国国际广播电台提供的国际旅费，于 2010 年 10 月赴上海参观世博会。79 岁的诺沃日洛夫获得一等奖。软件设计师雷兹瓦诺夫获得二等奖。工程师卢戈夫斯卡娅、新闻记者沃雷涅茨、大学教师伊万钦和 11 岁的库钦斯基等 5 人荣获三等奖。

◆ 上海世博会知识竞赛获奖人员合影

白俄罗斯国家通讯社、国家电视台、《人民报》、"别拉潘"独立通讯社等媒体对这一颁奖活动进行了报道。

2010年夏,白俄罗斯文儿童杂志《快乐》与我们使馆联系,希望共同编辑出版一期关于中国的图集专刊。使馆提供了万里长城、秦始皇陵兵马俑、熊猫、孙悟空、无锡泥人福娃等图片,并撰写了图片说明。使馆和《快乐》杂志编辑部在明斯克"友谊之家"举办了这一期杂志的发刊仪式,邀请了100多名小学生参加,并向他们赠送了杂志。少年儿童是国家的未来,为了使中白关系持续长久发展,积极培养中白两国青少年之间的友好感情,增加相互了解,是十分必要的。

鉴于电视在现代社会具有巨大的影响力,我们十分重视开展中白两国电视台之间的合作。2007年1月,中国中央电视台到白俄罗斯访问,摄制纪录片《白俄罗斯纪行》。5月30日,中国驻白俄罗斯使馆举行电影招待会,放映这部纪录片。纪录片以高超的摄影艺术和丰富多彩的实景,生动介绍了白俄罗斯的悠久历史、传统文化、自然风貌和名胜古迹,特别是首都明斯克、英雄城市布列斯特、别洛韦日国家森林公园等。白俄罗斯国家广播电视台、公共电视台、国家通讯社、国际文传电讯社、"别拉潘"通讯社、《共和国报》《田野报》等媒体的数十名新闻工作者兴致勃勃地观看了影片。《共和国报》评论员罗斯季可夫说："与某些国家总是戴着有色眼镜看白俄罗斯不同，中国中央电视台摄制的专题片客观、真实地反映了白俄罗斯的现实生活，使中国观众增加了对白俄罗斯的了解。希望白中两国新闻媒体加强交流与合作。"

2011 年春，由中国香港凤凰卫视记者鲁韬、杜德基组成的摄制组来到白俄罗斯采访。他们采访了卢卡申科总统及其家乡莫吉廖夫、副总理（前驻华大使）托济克、切尔诺贝利核事故灾区、布列斯特英雄要塞、别洛韦日森林公园等反映白俄罗斯历史和现状以及中白关系发展的典型人物和场景。几个月后，凤凰卫视播出了四集电视纪录片《白俄罗斯》，受到各国观众的关注与好评。

◆ 杜德基、鲁韬、托济克、王宪举（从左至右）合影

2008 年，白俄罗斯国家电视台应邀访问中国，采访了北京、上海、曲阜等城市和泰山等名胜古迹。节目播出后，在白俄罗斯观众中引起很大反响。

与此同时，中白国家广播电台之间的合作也顺利展开。2009 年 10 月 19

日，中国国际广播电台在明斯克举行"国际在线"白俄罗斯语网站推介仪式，宣布该网站正式开通。中国驻白俄罗斯大使鲁桂成、中国国际广播电台副总编辑尹力和白俄罗斯国家电视广播公司主席齐莫夫斯基、第一副主席萨拉马哈等出席。

尹力副总编辑和齐莫夫斯基主席首先分别介绍了两家媒体的基本情况与业务，并共同向观众推介"国际在线"白俄罗斯语网站。他们表示，启动白俄罗斯语网站合作项目为中白增进互信、创造双赢提供了一个良好的渠道。通过该网站，受众能够用自己的母语获取关于中国及世界的各种信息。白俄罗斯语网民不仅可以借此了解中国文化和旅游信息，还可以学习中文，更客观全面地认识一个真实的中国。中国国际广播电台俄语广播部主任孙宇峰现场介绍了"国际在线"白俄罗斯语网站的情况。

鲁桂成大使应邀致辞。他说，在白俄罗斯工作一年来，很高兴看到中白关系在两国领导人的直接关怀下健康、稳步发展。中白是友好国家，虽地理上相距遥远，但人民间的心灵贴得很近。两国人民渴望获得大量的对方信息，加深相互了解。在白俄罗斯国家广播电视公司和其他有关部门大力支持下，中国国际广播电台白俄罗斯语网站得以顺利开通，这是两国在信息领域合作的一次重要尝试。相信该网站将使中白两国人民的心灵贴得更近，成为增进两国友谊的桥梁和巩固中白全面发展与战略协作关系的精神与社会基础。中国驻白俄罗斯使馆将一如既往地支持中白新闻信息领域深化合作。

推出白俄罗斯语网站是中国国际广播电台开展对白新闻合作的重要举措。在白俄罗斯新闻部、国家电视广播公司的大力支持下，该网站历经半年多筹备而得以顺利开通，成为目前中国主要新闻机构开通的第一个白俄罗斯语信息平台。随着双方合作的深化，"国际在线"白俄罗斯语网站将成为白民众了解中国的重要渠道。

有人说，新闻舆论是国家的"第四政权"，是"软实力"的重要方面，在培养和塑造国家形象、促进与发展国家和人民之间关系方面起着重要作用。

我衷心希望中白两国新闻舆论界的工作者进一步加强交流，加深合作，为不断发展中白两国的友谊与合作发挥更大作用！

◆ 中国驻白俄罗斯使馆参加明斯克国际书展

（本文原载于《我们和你们：中国和白俄罗斯的故事》，五洲传播出版社2018 年 5 月版。）

中白工业园巡礼

一、"巨石"由来

在白俄罗斯首都明斯克国际机场办完出关手续后，沿着一条宽阔的公路驱车十分钟，就来到位于明斯克州斯莫列维奇区的中白工业园。

在园区入口处矗立着一块巨大的深灰色石头，上面用金色的英文写着"GREAT STONE Industrial Park"（"巨石"工业园）。

"巨石"的名称是 2014 年 6 月 30 日卢卡申科总统签发第 326 号命令所赐。总统令说，中白工业园亦称"巨石"工业园特别经济区，总面积调整为 91.5 平方千米，开发期 30 年，分三期建设，预计吸引超过 200 家高新技术企业入驻，就业人口 12 万人，最终形成结构布局合理、产业协调发展、科技含量高、社会经济效益明显的综合性开发区。园区一期面积 8.5 平方千米，建设方针是"政府引导、企业主体、市场原则、科学规划、分步实施"。入驻企业享受"十免十减半"优惠政策，土地租期 99 年。也就是说，企业自注册之日起，十年内免缴利润税、不动产税和土地税。第二个十年，入驻企业缴纳 50% 的利润税、不动产税和土地税，部分商品免除进口关税与增值税，免除外籍员工强制保险。如此优惠的政策是白俄罗斯在总结此前 20 多年经济特区建设经验教训基础上制定的，旨在吸引高科技项目和外国投资，建设引领白俄罗斯经济发展和推动对外首先是与中国经济科技合作的大平台，促进白俄罗斯国内经济迅速和持续增长。

这么大规模的工业园，在全世界也是名列前茅。"巨石"工业园的名称反映了人们对它寄予的殷切期望。

二、"工业园第一楼"

进入园区，一座红墙尖顶的建筑映入眼帘，上面用中文、白俄罗斯文和英文写着"华商商务中心"，而园区职工们则自豪地称它为"工业园第一楼"。

2010年3月23日，时任国家副主席习近平访问白俄罗斯时，卢卡申科总统提议在明斯克建立一个白中工业园，以促进两国的经济科技合作。习近平十分赞同。2011年9月18日，时任全国人大常委会委员长吴邦国访问白俄罗斯，双方签署了《中华人民共和国政府和白俄罗斯共和国政府关于中白工业园的协定》，将该项目纳入两国政府间合作项目。经过三年多的设计规划和积极准备，特别是2015年5月习近平主席对白俄罗斯进行国事访问，视察中白工业园，提出要把它打造成"丝绸之路经济带上的明珠和双方互利合作的典范"之后，工业园建设步入快车道。2015年12月11日，工业园第一个建设项目——招商局中白商贸物流园开工，而华商商务中心又是商贸物流园的第一座楼。仅仅经过103天的紧张施工，该楼就实现封顶。工程技术人员和工人们为此欣喜万分，为项目建设的高效率而自豪。他们再接再厉，建造了工业园仓储中心、员工公寓、科技成果转化中心、马兹潍柴发动机厂等项目。整个一期工程2017年6月完工，包括3.5平方千米起步区的"七通一平"（道路通、电通、排水通、燃气通、给水通、热力通、电信通、场地平整）。而到2020年5月，园区已建成6万多平方米标准厂房、110千伏的电站、污水处理、消防站等配套设施。整个工业园区热火朝天，生机勃勃。这为招商引资创造了良好的环境和必要条件，至2020年5月，中白工业园入园企业68家，协议投资总额超12亿美元。其中，中资项目35个，白俄罗斯独资项目10个，来自美国、奥地利、立陶宛、德国、瑞士、俄罗斯的项目17个。电子和通信、制药、精细化工、生物技术、机械制造、新材料、综合物流、电子商务、大数据存储与处理等产业不仅弥补了白俄罗斯的空白，而且为对外合作创造了有利条件。

三、总统的"感谢状"

经过工地时，可以看见旁边矗立着用中文、俄文、白俄罗斯文书写的大幅标语"时间就是金钱，效率就是生命"。这不是招商局深圳蛇口工业区1981年提出的口号吗？怎么在这里也出现了？

原来有两个原因：一是在中白工业园开发股份有限公司的注册资本中，国机集团、招商局集团和哈尔滨投资集团等中方公司占68%，白方32%。而在中方股份中，招商局集团占比最大；二是中白工业园实行三级管理，即中白政府间协调委员会、工业园区管委会、工业园区开发股份有限公司。这在相当程度上参照了苏州工业园的模式和蛇口工业区的经验。中白工业园区开发股份有限公司成立后，园区土地开发与经营、基础设施建设、物业管理、招商引资、咨询服务等工作全面展开，千头万绪，迫切需要物色一位经验丰富、能力很强的首席执行官。经过筛选，2015年年初，中白政府间协调委员会批准招商局集团副总经理胡政为工业园首席执行官。胡政50多岁，曾任招商局集团有限公司总裁助理兼蛇口工业区第一副总经理、招商局漳州开发区第五任管委会主任，具有丰富的阅历和经验。"时间就是金钱，效率就是生命"这个理念，就是胡政及其团队带来的。他希望深圳的改革创新精神也在中白工业园区建设中发扬光大。

中白两国工程技术人员和工人们团结一心，勤奋劳动，每个工程都提前完成：6500平方米的华商商务中心大楼103天即封顶，3600吨钢结构的安装只用了113天；马兹潍柴动力厂9个月建成投产，整个一期工程提前验收。胡政说："没有拼搏进取，就不会有今天的园区。"

胡政经常说，中白工业园项目"使命光荣，责任重大，任务艰巨，机会难得"。中白团队应坚持"六个始终不忘"：始终不忘肩上的重任，践行"一带一路"；始终不忘肩负探索职责，拓展集团海外；始终不忘艰苦奋斗、保持拼搏进取；始终不忘团结合作，发挥团队力量；始终不忘远在异乡，维护国家尊严；始终不忘身在组织，遵规守纪。

◆ 华商商务中心大楼，胡政摄

在胡政带领下，工业园的中国团队牢记"八个增强"，即增强政治意识、责任意识、合作意识、应变能力、纪律意识、团结意识、坚韧意识和素质意识。大家秉持"信念坚定、意志坚韧、性格坚忍、长于坚守"的"骆驼精神"，坚信走出沙漠，就是绿洲。

◆ 中白工业园亮起来了！胡政摄

胡政非常重视搞好工业园与附近村庄的关系。建造商贸物流园时，需要平整一块土地、砍伐一片小树林。这一行为遇到工业园所在的斯莫列维奇区小牛村居民的强烈反对，致使工程搁浅。而村民反对的理由，一是因为明斯克市政府关于伐树有明确的政策和规定；二是伐树给村民造成一定的环境破坏和经济损失。胡政一方面请明斯克市政府做解释工作，一方面去小牛村面谈，承诺给予经济赔偿，并帮助该村把从南到北 1200 米长的土路改成沥青路。村民们竖起大拇指："这是我们村第一条柏油路，以后再也不会坑坑洼洼，一脚泥，一脚水了！"2016 年 7 月，小牛村遭遇风灾，狂风折断树木，掀掉房盖，损坏了家园。胡政代表招商局向小村捐款十万美元，帮助村民重建家园。村里的人赞不绝口："中国人是好朋友！""招商局是好企业！"

2020 年 1 月 3 日，胡政即将离任回国前夕，白俄罗斯总统"感谢状"颁发仪式在中白工业园举行。胡政是获此殊荣的首位外国公民。总统办公厅副主任、中白政府间合作委员会白方主席斯诺普科夫说，这"再次证明了白中友谊的重要性和中白工业园的重要示范意义"。

四、中药走进工业园

正当中白工业园蓬勃发展之时，突然暴发的新冠疫情给园区建设带来始料未及的影响。从 2020 年 2 月 28 日白俄罗斯出现首例新冠病毒感染者到 2021 年 7 月 11 日，白俄罗斯国内累计 42.7 万人确认感染，3247 人死亡。一系列的防控措施严重影响了人员往来、物流运输和生产链畅通。过去一周四趟往返北京和明斯克的直航班机，减为一周一趟，遇到熔断航班停飞，中国企业想到园区考察都很难，更不用说洽谈投资。一些来自欧美的入园企业以往从欧洲采购原材料，疫情开始后欧洲国家一度关闭了边界，使生产链中断。由于明斯克市和工业园采取的各种防疫规定，园区 1100 多名员工不能正常上班，项目建设进度迟缓。

但是，中白工业园从"危"中寻"机"，开始引进医疗产业项目，研制治疗新冠病毒感染的药品。2021 年 8 月 24 日，中白工业园、白俄罗斯卫生鉴定与试验中心和中国"新时代生物科技有限公司"在工业园举行联合生产清疫胶囊的签约仪式。

清疫胶囊是根据《伤寒论》中的经典药方，融合《瘟病条辩》等中国传统医学诊疗恶性传染病的经验，针对新冠病毒感染的特点研制而成。胶囊可以有效抑制新冠病毒，降低新冠病毒对人体脏器和免疫系统的损害，通过提高免疫力和增强身体机能，治疗新冠肺炎。根据三方协议，该项目总投资约 500 万美元，在中白工业园建造中草药提纯和分装中药颗粒车间。随着新冠疫情逐渐减轻，还将研制、生产和销售其他中药品。此外，将建立传统医学文化交流中心和传统医学诊疗中心，推广中医药。

中国驻白俄罗斯大使谢小用在签约仪式上说，希望清疫胶囊尽快在白开展临床试验、取得药号和生产许可，为抗击疫情发挥积极作用，为更多中医药企业入驻中白工业园作出示范，促进两国卫生健康领域的合作。白俄罗斯驻华大使尤里·先科也表示，应以这一项目为契机，在中白工业园打造包括中医药在内的制药产业集群。

五、中欧班列的重要枢纽

看着中欧班列的中白工业园铁路场站建设工地热火朝天的景象，不禁被其庞大的规模和有条不紊的作业节奏而震撼。

自 2011 年 3 月 19 日首列中欧班列（重庆至杜伊斯堡）开行以来，成都、西安、郑州、武汉、苏州、广州等 50 多个城市陆续开通了去往欧洲多个城市的集装箱班列。至 2022 年 1 月底，中欧班列累计开行 5 万多列，运送货物 455 万标箱，货值 2400 亿美元。正如中国国铁集团负责人所说，"中欧班列运输速度快、性价比高、安全可靠、绿色环保等优势充分发挥，已通达欧洲 23 个国家 180 个城市，为保障国际产业链供应链稳定、推动共建'一带一路'高质量发展做出积极贡献"。

◆ 2018年6月21日，自石家庄发车的中欧班列抵达明斯克的科列亚季奇货运站，新华社记者魏忠杰摄

　　白俄罗斯地处俄罗斯和波兰之间，是从俄罗斯到西欧国家最短的交通要道。从明斯克向东700千米到莫斯科，向西550千米到华沙、1060千米到柏林。向南580千米到基辅，向北160千米到达维尔纽斯。作为欧亚大动脉，中欧班列到欧洲90%的吞吐量都要经过白俄罗斯。2021年，中欧班列开行1.24万列，发送113.5万标箱。其中在白俄罗斯的业务处理量是55万标准箱，同比增长1.6倍。在中白工业园处理的中欧班列吞吐量接近4万个标准箱，同比增长近一倍。

　　中白工业园拥有这样有利的区位优势，令许多国家羡慕不已。2020年9月，中国招商局集团、德国杜伊斯堡港、白俄罗斯铁路局和瑞士联运商公司联袂出资3000万欧元，成立欧亚铁路公司，在中白工业园注册。2021年，中欧班列中白工业园铁路场站破土动工，虽受新冠疫情复杂影响，仍不断推进。一旦把园区和明斯克铁路（距园区25千米处）连接起来，中欧班列将直达工业园，不仅为入园企业减少物流成本，而且将缓解中欧班列的运输瓶颈。

在结束中白工业园巡礼之际，我的耳边仿佛响起胡政先生及其团队集体创作的歌曲《一条丝路向远方》："一条丝路穿越大漠向远方，中欧班列装满希望。我在明斯克描绘新的蓝图，驼铃演奏新的交响。时光编织千年丝路的故事，胸中拥抱新的梦想……一条丝路穿越大漠向远方，驼铃伴着黎明与夕阳。伴我一起走吧，漫漫丝路啊，我的执着和理想在远方。伴我一起走吧，我的兄弟啊，我的执着和理想在远方。"

第二部分

白俄罗斯内政外交形势

白俄罗斯经济和政治形势发展的重要一年

2011 年是白俄罗斯较为困难的一年。政治反对派的活动有增无减，经济形势急剧恶化，社会形势紧张，人们不满情绪加重。白俄罗斯政府采取了一些应急措施，并取得初步效果。从总体看，国内局势基本稳定的局面没有改变。

2011 年是白俄罗斯总统卢卡申科自 1994 年执政以来较为困难的一年：政治反对派在西方支持下，以要求释放"政治犯"为主要口号，不断举行各种示威活动，向现政府发起挑战；财经危机因外汇短缺而骤然爆发并持续蔓延，造成本币贬值、物价飞涨、人民生活水平下降。随着居民不满情绪增长，社会不稳定因素增加，总统和政府的支持率下降。卢卡申科政府采取一系列举措应对这些问题，财经困难有所缓解，但距离根本解决问题还有较长的一段路要走。

一、政治反对派的活动有增无减

2010 年 12 月 19 日，白俄罗斯举行了独立以来的第四次总统选举，56 岁的卢卡申科以 79.67% 的得票率第三次蝉联总统。当晚，数万人聚集在首都明斯克独立广场抗议当局"操纵选举""计票舞弊"，表示不承认选举结果。少数人甚至冲击政府大楼，打砸门窗玻璃，破坏建筑设施。这些行为超过了 2006 年 3 月总统选举后反对派所进行的抗议活动。白俄罗斯内务部特种警察以迅雷不及掩耳之势包围广场，驱散示威人群，逮捕数百人，其中包括 7 名反对派的总统候选人。随后，明斯克法院对拘捕者进行刑事审讯，分别判处 1 至 7 年监禁或劳改。

美国和欧盟国家"严厉谴责"白俄罗斯当局的"镇压行径",不承认总统大选结果,并加强了对白采取的政治和经济制裁。白俄罗斯反对派在全国各地举行各种抗议示威活动,要求当局释放"政治犯",停止对反对派进行"政治迫害"。2011年第二季度以来白俄罗斯经济形势恶化,也给反对派提供了攻击政府的借口。他们幸灾乐祸地指责当局的"社会经济发展模式遭到失败",要求政府改变方针政策,推行大规模私有化,改革经济结构。在明斯克市等地,有人举行"沉默抗议"活动。少则数十人,多则几百人默默站立在广场等公共场所或集体拍手示威。7月4日,白俄罗斯政府举行独立日庆典活动时,一些激进反对派人士企图混入群众游行队伍,到主席台前以集体鼓倒掌的方式向卢卡申科总统表示抗议。部分反对派在火车站广场举行示威活动。一些反对派政党和组织纷纷举行代表大会,加强组织,调整策略,以便在可能发生的国家动乱中积极开展活动,谋取最大利益。

政治反对派还利用白俄罗斯历史上资产阶级共和国成立日(3月25日)和斯大林肃反扩大化受害者纪念日等,频频举行反政府活动。

总之,这一年反对派抗议活动的时间之长,范围之普遍,为多年来所罕见。

二、经济形势有所恶化

自2011年年初开始,白俄罗斯金融领域就出现不稳定迹象。人们担心本币贬值,大肆购买商品,大量兑换外币。很多职工每月一领到工资就去银行换成外汇,还有人大量兑换外汇到国外购买汽车,以便在7月1日汽车关税提高后倒卖赚钱。据说,有的家庭甚至买了25辆汽车。这样一来,银行外汇储备越来越紧张,终于在5月中旬崩溃。5月24日,白卢布对美元的汇率从前一天的3155白卢布兑1美元一下子贬值到4930白卢布兑1美元,贬值36%。随后几个月,白卢布贬值就像脱缰的野马一路狂奔,到11月初跌至8650白卢布兑1美元,比4月贬值一半多。

货币贬值导致物价飞涨,1至10月通货膨胀率高达87.1%,全年将达

118%。外汇短缺还给社会和经济生活造成其他一系列问题：很多企业因外汇短缺而暂停从国外进口设备、零部件或原材料，生产和贸易受到影响；职工月均工资从 2010 年 12 月的约合 530 美元下降到 2011 年 5 月的 317 美元，生活水平大幅下降；由于外汇奇缺，银行停止向居民兑换外汇的业务，黑市便应运而生。6 月中旬当银行汇率为 1 美元兑 5060 白卢布时，黑市已升至 1 比 6500。这给经济带来很大混乱。

白俄罗斯外汇危机的原因主要是：

第一，外贸逆差增加。2007 年白俄罗斯外贸逆差为 15.74 亿美元，2008 年为 44.1 亿美元，2009 年为 55.5 亿美元，2010 年达到 96.42 亿美元。逆差连续增加的主要原因是白俄罗斯从俄罗斯进口的能源价格不断攀升以及白俄罗斯出口商品的国际竞争力下降，加上受到国际金融危机影响，出口减少。

第二，外汇储备减少。2009 年 7 月，白俄罗斯黄金外汇储备为 34.42 亿美元，2010 年 10 月为 59.8 亿美元，2011 年 5 月 1 日骤减到 37.9 亿美元。外汇储备减少的主要原因是居民对本币贬值有恐慌心理，大量购置硬通货。2011 年前 6 个月居民从银行共计购置 33.3 亿美元。

第三，外债增加。逆差增加，外汇储备减少，国际收支状况恶化，迫使白俄罗斯政府靠借贷弥补。2007 年年初白俄罗斯外债为 68.44 亿美元，2010 年增至 220.60 亿美元，2011 年初又增至 284 亿美元，占国内生产总值的 52%。

第四，金融监管不力。白俄罗斯外汇储备较少，却一直实行外汇自由兑换。按照俄白哈关税联盟规定，从 2011 年 7 月 1 日起，白俄罗斯的汽车进口关税将大幅提高。因此，不少白俄罗斯公民 2011 年上半年从国外大量购买汽车，从中牟利。白俄罗斯一般每年从国外进口 18 万至 20 万辆汽车，而 2011 年 1 至 6 月却进口 25 万辆汽车，耗资 20 多亿美元。白俄罗斯银行对企业和公司的外汇借贷政策比较宽松，不少企业因经济效益差而不能偿还外汇债务，更使银行雪上加霜。

第五，职工工资增长过快。2011 年前后，白俄罗斯的职工工资增长远远超过了国内生产总值和劳动生产率的增速。2011 年第一季度，职工月均工资从约合 430 美元提高到约合 500 美元。在商品没有大量增加的情况下，货币流通量激增，货币贬值和物价上涨就难以避免。

三、社会形势趋于紧张

多年来，白俄罗斯实行强有力的社会保障政策，政局和社会形势比较稳定。但 2010 年 12 月总统大选后，随着政治和经济形势动荡，社会形势日趋紧张。特别是外汇危机爆发后，当局开始限制、继而暂停出售外汇，商品抢购风、货币贬值使得人心惶惶。

2011 年 4 月 11 日傍晚，明斯克"十月"地铁站发生爆炸，造成 13 人死亡、100 多人受伤。这是此前 20 年来明斯克地铁首次发生恐怖事件，也是白俄罗斯历史上发生的最严重的一起恐怖爆炸事件。虽然案件迅速告破，不是政治反对派，也不是什么恐怖组织所为，只是几个对社会不满分子的个人行为，但是此案发生在总统选举后政局比较动荡之际，其消极影响十分严重。

6 月 7 日，燃料大幅涨价，92 号和 95 号汽油分别提高到 5100 和 5800 白卢布（约合 1 美元多），提价 30%。卢卡申科总统召集紧急会议，严厉批评汽油大幅提价的决定，强调每升汽油的价格不能超过 4500 白卢布（当时汇率是 1 美元兑 4956 白卢布）。次日，油价下调，人们的不满才有所平息。

四、当局采取的措施及其初步效果

白俄罗斯当局从政治、财经和社会等方面采取了一系列措施应对这场危机。

政治上，白俄罗斯当局主要采取硬的手段，对政治反对派进行严厉的打击。针对"沉默抗议"，议会通过了对《群众活动法》的修改，禁止通过手机和互联网组织群众行动。在未获得政府批准以前，任何人或组织都无权公布活动的时间和地点。新条款把未经当局批准的"沉默抗议"行为等同为未经批准的抗议活动，因为"沉默和站立就是行为"。对未经当局批准而举行抗议活动者最多可处以 3 年有期徒刑。

议会还修改了国家安全机关法，扩大了国家安全机关工作人员的权限，允许他们在必要时可以进入公民住宅或办公室，并使用武力和特种手段。同时，在西方国家的压力下，白俄罗斯当局也作出了一定的妥协。卢卡申科总统颁布赦免令，"遵循人道主义原则"，赦免了 11 名 2010 年 12 月 19 日晚参加抗议活动的反对派人士。

经济上，政府采取的主要措施有：

一是，筹措贷款。俄罗斯主导的欧亚经济共同体反危机基金同意今后 3 年向白提供 30 亿美元贷款，其中 2011 年提供 12.4 亿美元。贷款的条件之一是白俄罗斯须对 75 亿美元的国有资产实施私有化。白俄罗斯政府向国际货币基金组织申请 80 亿美元贷款，但未能如愿。阿塞拜疆向白提供了 10 亿美元贷款。中国也提供了 10 亿美元贷款。

二是，出售部分国有资产。白俄罗斯同意以 25 亿美元价格向俄出售白俄罗斯天然气运输管道公司另外 50%的股份，这样，俄罗斯将全额控制该公司股份。2011 年 9 月，白俄罗斯与俄罗斯储蓄银行举行谈判，希望获得 10 亿美元贷款，但俄罗斯银行要求白俄罗斯政府提供担保并以"纳夫塔"炼油厂 51%的股份作抵押。

三是，减少外贸逆差。采取增加出口、减少进口措施后，2011 年上半年白俄罗斯外贸逆差为 45 亿美元，全年约 59 亿美元，比 2010 年减少 39.42 亿美元。

四是，增加外汇储备。2011 年 9 月，白俄罗斯外汇储备为 60 亿美元，几乎达到近年来最高的储备数。

五是，消除外汇黑市。2011 年 9 月 14 日，白俄罗斯政府决定开始进行货币市场额外交易。当天白卢布对美元的市场汇率与官方汇率相比下跌约60%，白卢布对美元的市场汇率为 8600 比 1，而官方汇率为 5347 比 1。官方预计，到 2011 年底，白卢布对美元的汇率将稳定在 8800—9000 比 1 的水平。

六是，通过反危机行动计划。该计划旨在保证国家经济在本币贬值的背景下平衡发展，内容包括：取消一些企业在出售外汇方面享有的优惠条件并扩大个人使用外汇结算范围，将预算赤字减少到国内生产总值的1.5%，国家项目贷款不得超过国内生产总值的4%，将国家投资项目的融资额度削减30%，消除本国消费品价格与邻国的差距，提高农产品价格，促进出口等。

白俄罗斯政府决定从2011年6月1日起将公务员工资上调10%，11月1日起退休金提高20%。发放物价补贴，加强对困难群体的社会扶持。据此预计，2011年经济增速不会低于4.5%。粮食产量800万吨，比2010年多100万吨。

由于政府已经采取弥补措施，加上白俄罗斯民族吃苦耐劳的性格特点，白俄罗斯社会形势基本稳定的局面没有改变。估计今后几年白俄罗斯国内总的政治、经济和社会形势仍能保持比较稳定的局面。

（本文原载于国务院发展研究中心欧亚社会发展研究所刊物《欧亚社会发展研究》，2011年12月。）

欧亚经济联盟：利弊与前景

　　欧亚经济联盟自 2015 年 1 月 1 日起正式运转。白俄罗斯和哈萨克斯坦等国为何要加入该联盟？加入的利弊得失如何？该联盟的发展前景如何？笔者拟就此谈一点看法。

一、加入联盟能够获得的利益和好处

　　白俄罗斯、哈萨克斯坦等国加入欧亚经济联盟，首先是因为看到了该联盟能够为它们带来新的发展机遇和经济利益。对于白俄罗斯来说，加入这个联盟是它的必然选择。

　　第一，白俄罗斯是一个出口型经济体，其国内生产总值的实现主要依靠产品出口。俄罗斯是白俄罗斯最大的出口市场，白俄罗斯 90% 的农产品、70% 的机器制造产品都出口到俄罗斯。2014 年，俄白贸易额为 387 亿美元，占白俄罗斯外贸总额的 48.5%。哈萨克斯坦在白俄罗斯外贸中居第 10 位，白哈贸易额占白俄罗斯外贸总额的 1.5%。显然，加入欧亚经济联盟有利于白俄罗斯巩固出口市场，扩大生产。

　　第二，白俄罗斯是一个缺乏能源的国家。2014 年，俄罗斯以平均每吨 385 美元的价格向白提供原油 2300 万吨，比 2013 年增加 200 万吨。欧亚经济联盟条约规定，2016 至 2024 年，俄罗斯将每年向白提供 2400 万吨石油，从 2025 年起将取消限额，按需供应。白俄罗斯国内企业每年实需 1000 多万吨，另外 1000 万吨经过加工后向欧盟国家出口，赚取外汇。白俄罗斯正计划在国内建设第三座炼油厂。2015 至 2017 年，白俄罗斯每年将从俄罗斯进口 220 亿立方米天然气，每千立方米价格从 2014 年的 168 美元降到 154 至

155 美元，而 2014 年欧洲国家从俄罗斯进口的天然气均价为每千立方米 350 美元，乌克兰是 385.5 美元。分析家们指出，白俄罗斯加入欧亚经济联盟的最重要原因是获取廉价而稳定的能源供应。白俄罗斯准备从哈萨克斯坦增加石油进口，保障哈萨克斯坦石油输往欧洲。

第三，多年来，白俄罗斯一直遭到欧美制裁，同时白俄罗斯产品质量很难同欧洲国家竞争。欧亚经济联盟给白俄罗斯产品提供了广阔的市场，白俄罗斯 75% 至 80% 的商品将向联盟国家出售。白俄罗斯议会工业、燃料和能源综合体委员会主席德米特里·哈里冬契克认为，建立欧亚经济联盟统一的能源市场将降低白俄罗斯企业生产成本。

第四，俄罗斯是白俄罗斯的主要贷款国。2011 年白俄罗斯发生金融危机后，欧亚经济共同体银行反危机基金决定向白提供 30 亿美元贷款，帮助其克服经济困难。迄今已有 25.6 亿美元资金到位。2014 年，白俄罗斯外汇储备减少 16 亿美元，到 2015 年 1 月 1 日外汇储备仅剩 50 亿美元，而 2015 年到期需要偿还的外债为 40 亿美元。应白方请求，俄罗斯外贸银行决定再向白提供 20 亿美元贷款。

白俄罗斯总统卢卡申科称："白俄罗斯极其需要欧亚经济联盟，白俄罗斯加入联盟后什么也没有失去，得到的只有更多的利益。"

对于位于中亚的哈萨克斯坦来说，加入欧亚经济联盟也具有重要意义。

哈萨克斯坦经济研究所所长马卡姆·穆哈诺夫认为，"入盟"对哈至少有以下好处：

第一，自由迁徙。2012 年 6 月以来，哈萨克斯坦公民在俄白哈关税同盟成员国俄罗斯和白俄罗斯可以一次性居住 30 天，而从 2015 年 1 月起可以自由居住。

第二，自由就业。除了不能在联盟成员国成为公务员和服兵役外，哈萨克斯坦公民可以在成员国自由就业。

第三，享受免费医疗服务，子女可以在当地上幼儿园和学校。

第四，减少税负。在俄罗斯的哈萨克斯坦人缴纳的所得税将从原来的 30% 减至 10%。

第五，享受同样的高等教育待遇。哈萨克斯坦纳扎尔巴耶夫大学等高等院校毕业生在俄罗斯和白俄罗斯将享受与当地大学毕业生一样的就业待遇，这将有助于降低哈萨克斯坦国内的失业率。

第六，享受同等退休金。哈萨克斯坦公民在俄罗斯和白俄罗斯将享受一样的退休金，而且在哈萨克斯坦的工龄照样纳入计算。

第七，获得更大的市场。在增加产品出口的同时，将提高产品质量。

第八，加强交通运输基础设施建设。俄哈将建立 247 家合资企业，其中包括运输基础设施建设项目，如哈萨克斯坦至阿尔泰共和国的公路项目。将建立物流中心，促进哈萨克斯坦至中国和俄罗斯的货物运输。这些企业和项目将为哈萨克斯坦公民创造数以万计的就业岗位。关税同盟期间，哈萨克斯坦对俄服务贸易出口增长 22%，对白增长 6.3%。预计今后 10 年将进一步增长。联盟内将对农业政策进行协调，国家对农业的支持不应超过农业产值的 10%，但现在哈萨克斯坦是 4%—5%，因此，还可以增加对农业生产者的补贴。

哈萨克斯坦的一项民意测验表明，哈萨克斯坦国内 70% 的公民支持加入欧亚经济联盟。

亚美尼亚和吉尔吉斯斯坦加入欧亚经济联盟也有重要的经济原因。目前有 70 万至 80 万亚美尼亚人在俄罗斯工作，占亚美尼亚全国人口的 30%。亚美尼亚在能源上严重依赖俄罗斯，"入盟"后可以用比国际市场低得多的价格购买俄罗斯能源。

吉尔吉斯斯坦则认为，"入盟"有助于吉尔吉斯斯坦解决边境领土、海关、安全、能源等问题，有利于吉尔吉斯斯坦公民去俄罗斯务工，发展吉尔吉斯斯坦农业、轻工业和物流业。吉尔吉斯斯坦总统阿坦巴耶夫表示，"入盟"可以为吉尔吉斯斯坦带来更多的贸易特惠、援助和贷款。

二、加入联盟可能带来的问题

白俄罗斯、哈萨克斯坦和吉尔吉斯斯坦专家学者论及建立联盟可能带来的问题，主要集中在以下几个方面。

（一）经济联盟内部是否能做到真正平等

白俄罗斯总统卢卡申科表示，白俄罗斯不会在不平等条件下牺牲自己利益加入欧亚经济联盟，欧亚经济联盟不应在相互贸易中有任何的例外和限制，包括石油贸易。"白俄罗斯在签署欧亚经济联盟条约的时候就已预先声明，如果各国都遵守已签订的协议，那么白俄罗斯将严格履行自己的义务，否则，白俄罗斯保留退出欧亚经济联盟的权力。"

哈萨克斯坦也十分强调联盟的平等原则。纳扎尔巴耶夫总统在接受哈萨克斯坦电视台采访时称，如果欧亚经济联盟条约规定的规则没有得以执行，哈萨克斯坦拥有退出欧亚经济联盟的充分权力，哈萨克斯坦任何时候都不会加入损害哈萨克斯坦独立的组织。哈萨克斯坦的独立是最宝贵的财富，哈萨克斯坦人民将采取一切措施维护哈萨克斯坦独立。他强调，欧亚经济联盟三国的权利是平等的，欧亚经济委员会是由俄、白、哈三国各出三人，包括各国一名副总理而组成。哈萨克斯坦外交部部长伊德里索夫也指出，俄、白、哈组成的欧亚经济委员会规定，在最敏感问题上作决定时各成员国须协商一致，其他问题作决定时需获三分之二以上的赞成票才能通过，"以避免任何国家在联盟内建立主导地位"。

由此可见，对于俄罗斯可能主导的欧亚经济联盟，白俄罗斯和哈萨克斯坦都强调联盟的平等原则。

（二）企业竞争是否公正

虽然总的来说白俄罗斯和哈萨克斯坦认为加入欧亚经济联盟利大于弊，但是对于经济上可能受到的消极影响和损失不无担心。哈萨克斯坦企业界担忧，哈萨克斯坦"入盟"后，俄罗斯资本和企业会对哈萨克斯坦企业造成大的冲击，也会使西方把哈萨克斯坦视为亲俄国家，从而影响哈萨克斯坦与西方国家的经贸合作。

为应对西方制裁，2014 年年底，俄罗斯通过了《俄罗斯联邦工业政策法》，规定公民应优先购买本国产品。哈萨克斯坦企业界担心俄罗斯的这项保护性政策会影响与哈萨克斯坦的经济合作。

俄、白、哈都存在中小企业发展不快的问题，其中俄罗斯中小企业的发展问题最为严重。由于各国对企业所得课税政策不同，大量俄罗斯企业涌向哈萨克斯坦，使哈萨克斯坦中小企业面临更严峻的竞争。

"入盟"后，俄罗斯的药品、鱼类产品和香烟等商品大量进入白俄罗斯市场，白俄罗斯商品受到挤压。白俄罗斯企业家协会呼吁，鉴于白俄罗斯的竞争力比较弱，政府对于水泥、糖果和通心粉等商品应实行立法保护。

（三）是否有利于成员国的经济改革

哈萨克斯坦有学者认为，欧亚经济联盟是"三个非有效经济国家的联盟"，"全靠原料部门支撑"。哈萨克斯坦"入盟"后，在与俄罗斯经济优势联系在一起的时候，也与俄罗斯经济中的问题连在了一起。

白俄罗斯专家也认为，对于白俄罗斯来说，不利之处是"入盟"不会促进白俄罗斯政府进行改革和提高产品竞争力。

鉴于当前国际形势，白俄罗斯和哈萨克斯坦实业界担心，如果西方和俄罗斯的制裁和反制裁继续下去，可能导致欧亚经济联盟在经济上陷入孤立，联盟的产品竞争力下降。

（四）欧亚经济联盟会不会导致恢复苏联

2011年10月3日，普京在俄罗斯《消息报》发表文章，提出建立欧亚联盟的战略。

除了加强经济贸易合作外，俄罗斯希望加强成员国之间的政治合作。2014年11月，俄罗斯国家杜马主席纳雷什金在俄、白、哈议会在阿斯塔纳举行的论坛上说："为了达到建立欧亚经济联盟的目的，不仅要求完善欧亚一体化的职能，而且要求完善其机制。"他建议"积极开展议会之间的合作"。但是，俄罗斯的这一主张没有得到白俄罗斯和哈萨克斯坦的支持。哈萨克斯坦媒体指出，欧亚经济联盟"不包括共同的对外政策、国防和内部安全"，"不建立共同的议会和审计单位"。哈萨克斯坦外交部部长伊德里索夫称，欧亚经济联盟不是恢复苏联，它只涉及经济合作，不会变成政治组织，也不会损害哈萨克斯坦的主权。

2013年12月24日，俄、白、哈三国总统举行欧亚经济最高理事会会议时，哈萨克斯坦总统纳扎尔巴耶夫就反对将边防安全、移民政策、卫生、科技等超出经济一体化范畴的条款列入条约内容，认为不能让欧亚经济联盟政治化。他说，成立欧亚经济联盟是"一个真正意义上的现代化创新项目"。欧亚经济联盟并非"试图恢复解体的苏联。没有回到过去，也不会回到过去，这是我们所有国家共同的统一立场"。

三、欧亚经济联盟发展中的几个问题

欧亚经济联盟已经正式启动，到 2025 年实现商品、服务、劳动力和资本自由流动的蓝图及其路径已经描绘。但是，这一联盟的目标究竟能否实现，还要看具体落实情况，特别是取决于以下三个因素。

（一）俄罗斯的经济发展状况

2013 年，俄罗斯的国内生产总值为 2.2 万亿美元，哈萨克斯坦为 2244 亿美元，白俄罗斯为 717 亿美元，亚美尼亚为 104 亿美元，吉尔吉斯斯坦为 72 亿美元。根据贸易额计算，欧亚经济联盟的进口关税分配原则是：俄罗斯占 88%，哈萨克斯坦占 7.3%，白俄罗斯占 4.7%，亚美尼亚占 1.13%。尽管白哈两国都反对联盟内部有哪个国家占主导地位，但实际上两国的经济都离不开与俄罗斯的合作。吉尔吉斯斯坦经济学家乌兰·朱萨耶夫认为，欧亚经济联盟的机遇和挑战并存，其前景在很大程度上取决于俄罗斯的经济发展状况。由于国际市场石油价格急剧下跌和西方国家严厉的经济制裁，俄罗斯经济能不能顺利发展，将直接决定欧亚经济联盟的前景。

（二）如何处理好联盟内部关系

随着 2015 年 5 月 1 日吉尔吉斯斯坦加入欧亚经济联盟，该联盟成员国已有 5 个。如何真正做到联盟内部的民主平等，消除白俄罗斯、哈萨克斯坦等国的忧虑和担心，是一个重要问题。与此同时，如何处理好联盟内部经济与政治的关系问题，在经济逐步一体化的同时，不走恢复苏联的政治一体化道路，对成员国也是一个考验。

（三）如何处理好与联盟的外部关系

俄罗斯同欧盟及美国的关系正经历冷战结束以来最困难、最复杂的阶段。这个阶段将持续多久还是未定之数。由于乌克兰"脱俄入欧"，原先预期的欧亚经济联盟的实力受到很大削弱。今后该联盟能否顺利发展达到预期目标，在很大程度上取决于它如何协调与欧盟、上海合作组织、"丝绸之路经济带"以及《跨太平洋伙伴关系协定》（TPP）和《跨大西洋贸易与投资伙伴协定》（TTIP）等关系。鉴于目前俄罗斯与欧美关系紧张，欧亚经济联盟很可能更多地发展与金砖国家以及其他发展中国家的合作。

总而言之，欧亚经济联盟在逆境中诞生，可谓"出师不利"，但是仍具有向前发展的优势和有利条件，关键在于能否妥善处理内部关系及对外关系，以开展互利共赢的长期合作。

（本文节选自《欧亚经济联盟：理想与现实》，载《欧亚经济》，2015 年第 3 期，第 1—62 页，内容有删减。）

白俄罗斯政治制度变迁及其原因

白俄罗斯自 1991 年 12 月独立以来，国家政治制度经历了两个时期——舒什凯维奇和卢卡申科领导时期。卢卡申科总统执政时期的特点是"强总统、小政府、弱议会"。2020 年 8 月，白俄罗斯发生总统选举风波，政治形势有了新的变化。俄白联盟国家开始加速发展。

一、白俄罗斯转型的两个时期

1991 年"8·19 事件"后，乌克兰率先于 8 月 24 日宣布独立。8 月 25 日，白俄罗斯加盟共和国宣布独立，但真正获得独立是 1991 年 12 月 8 日《别洛韦日协定》签署之后。需要指出的是，白俄罗斯在加速苏联解体的问题上，也发挥了重要作用，其中既有当时的国际大背景，也有白俄罗斯谋求独立的历史原因。

独立至今，白俄罗斯经历了两个时期：

（一）第一个时期：1991 年 12 月至 1994 年 6 月

这个时期白俄罗斯的最高领导人是斯坦尼斯拉夫·舒什凯维奇。在国内改革中，白俄罗斯基本仿照俄罗斯的做法，实行以放开物价和私有化为核心的激进的自由市场经济。由于经济制度的急剧变化、进口的能源和原材料价格猛增、供应量大减、农业遭受旱灾，以及军工业订货锐减等，1991 年至 1994 年，白俄罗斯国内生产总值分别下降 1.2%、5.3%、7.6% 和 12.6%，经济危机逐年加深。1991 年财政盈余 15 亿卢布，到 1994 年财政赤字占国内生产总值的 3.4%。物价飞涨，通胀严重，通胀率由 1991 年的 83.5% 激增到 1994 年的 2059%。人民生活水平显著下降，民众的不满情绪与日俱增。

舒什凯维奇执政时期，鉴于独立的基础脆弱不稳，白俄罗斯宣布"奉行中立、不参加任何军事集团、在白俄罗斯领土上建立无核区的方针"。外交上的主要步骤是：其一，与世界各国广泛建立联系，积极谋求参加各种国际组织和国际合作；其二，在平等互利基础上，积极发展与俄罗斯、乌克兰、摩尔多瓦、中亚五国、南高加索三国等独联体国家的关系，既不想走与俄罗斯联合和一体化的道路，又拒绝参加俄罗斯在独联体中所倡导的集体安全体系；其三，大力发展与西方国家的关系。舒什凯维奇强调"白俄罗斯是欧洲国家"。西方国家，特别是欧美国家是独立后白俄罗斯外交优先考虑的重点。白俄罗斯国家领导人同美国、德国、英国、意大利等西方国家频频往来，"在政治上获取西方国家的支持，在经济上谋求本国所需的资金和技术"。1994 年 1 月，美国总统克林顿曾对明斯克作短暂访问，以示对这个国家亲西方路线的赞赏和支持。舒什凯维奇执政时期虽然只有两年半，但因为经济急剧下滑，生活很困难，给人民留下的阴影相当严重，多数白俄罗斯人并不接受这种模式。同年 1 月，白俄罗斯最高苏维埃（议会）主席团主席舒什凯维奇因"滥用职权私建别墅"而遭议会弹劾。

（二）第二个时期：1994 年 7 月以来

1994 年 3 月，白俄罗斯最高苏维埃通过了《白俄罗斯共和国宪法》，决定实行总统制。7 月，40 岁的亚历山大·卢卡申科在白俄罗斯第一次总统选举中当选总统。白俄罗斯进入与舒什凯维奇完全不同的"卢卡申科时期"。

1996、2004 和 2022 年，白俄罗斯三次修改宪法。宪法第一条规定，"白俄罗斯共和国是统一的、民主社会的法治国家"；宪法第六条规定，"国家政权建立在立法权、执行权和司法权分立的基础上"。在经济领域，卢卡申科总统调整政策，停止了舒什凯维奇的"休克疗法"，而推行循序渐进、面向社会和由国家控制的市场经济改革。他对大规模私有化尤其谨慎，这也是白俄罗斯没有像俄罗斯、乌克兰那样出现很多金融寡头的重要原因。卢卡申科执政头 10 年，白俄罗斯经济保持 7% 的增长率，在独联体国家中最早恢复到苏联解体前的水平，人均收入也高于大多数独联体国家。2010 年 12 月，职工人均月工资达到近 500 美元。用于社会保障的开支占国内生产总值的 7%

以上。因此，这个时期白俄罗斯的政局比较稳定。

（三）其转型的主要特点

白俄罗斯宪法赋予总统较大的权力。其 30 项职权包括：除任命总理须经议会下院批准外，副总理以下，包括司局长一级的国家管理机构负责人，全部由总统任免；决定共和国全民公决；解散议会；有权主持政府会议；取消政府法令；组建和领导国家安全会议；担任共和国武装力量总司令；等等。1996 年 11 月，白俄罗斯通过全民公决修改宪法，规定"白俄罗斯共和国的民主是在政治制度、意识形态和意见多样性的基础上实现的"。新宪法赋予总统更大的权力，削弱了议会的权力。白俄罗斯的行政体系是垂直的、权力高度集中的总统制。总统办公厅在日常国家事务中起着十分重要的作用。

白俄罗斯把议会改为两院制，由共和国院（上院）和代表院（下院）组成，每届任期为 4 年。下院由 110 名代表组成，全部由公民直接选举产生。这是白俄罗斯与俄罗斯等独联体其他国家不同的地方，俄罗斯等国的议会席位一般是按照政党和选区代表各 50% 的比例分配的。如果一个政党获得超过投票选民总数 5% 的选票，即可进入议会。这就使一些反对党有可能通过议会选举而进入议会参政。白俄罗斯登记注册的政党 15 个，包括 2 个右翼政党——人民阵线党、联合公民党。由于议会选举不是采取混合的选举方式，没有政党参加选举这一方式，所以反对党作为政党和政治组织无法进入议会，反对派成员在选区当选议员的可能性也微乎其微。

从白俄罗斯独立后 30 年的执政情况来看，总统制基本符合这个国家的国情，保障了国家的稳定与发展，但是也存在不少问题和弊病，特别是如何发挥政府和议会的积极性，如何使各政党和社会团体在国家治理中发挥主动性和创造性，如何使各级管理机构克服官僚主义和形式主义作风而提高工作效率，需要继续摸索、改进与完善。

二、白俄罗斯形成强势总统制的原因

首先，白俄罗斯强势总统制的形成与卢卡申科总统的执政理念有关。卢卡申科曾任莫吉廖夫州什克洛夫区"突击手"集体农庄副主席、"列宁"集体农庄党委书记、"城里人"国营农场场长等职，身上带有一定的"草根"气质。1995年9月，他宣布白俄罗斯将建设"市场社会主义"。他重视社会保障，提高人民生活水平，消除贫困和防止贫富两极分化，构筑和谐社会。他反对搞大规模私有化，使国家所有制经济一直占国民经济的70%左右。2002年3月，卢卡申科提出"白俄罗斯发展模式"，主要是建立强有力的国家政权和可调控的面向社会的市场经济体系。在对外政策上他积极发展与俄罗斯的联盟关系，并与中国不断走近，直至建立"全天候全面战略伙伴关系"，因而遭到美国和欧盟的打击和制裁。

其次，白俄罗斯的反对派力量比较弱小。与俄罗斯、乌克兰的政治反对派相比，白俄罗斯的反对派力量人少势单，不足以夺取政权。2020年的夺权行动失败后，季哈诺夫斯卡娅等多名白俄罗斯反对派领导人逃往立陶宛和波兰，对国内反对派实行"遥控指挥"，这就使行动效率大打折扣。

再次，是民族性格使然。与俄罗斯族、乌克兰族相比，白俄罗斯民族的性格比较温和，具有"忍耐性"，这也表现在反对派同当局的政治斗争中。与此相反，卢卡申科总统的性格又特别坚强。如果在2020年8月的政治斗争中，卢卡申科像吉尔吉斯斯坦总统阿卡耶夫、巴基耶夫以及乌克兰总统亚努科维奇那样逃遁，那么白俄罗斯反对派就会得逞。

最后，是俄罗斯的鼎力支持。俄白是独联体国家中经济关系最密切的一对。白俄罗斯经济所需能源的90%、外贸市场的50%都依靠俄罗斯，俄罗斯提供白俄的能源加工及其制品生产占白俄罗斯国内生产总值的三分之一，出口的二分之一。现在俄罗斯每年向白提供2000多万吨原油和200多亿立方米天然气，白俄罗斯不仅能满足自身需要，而且经炼油厂加工后向欧盟国家出口赚取外汇。2022年，俄罗斯供给白俄罗斯的天然气价格为128.5美元每千立方米，与2021年持平，而俄罗斯供给欧洲国家的天然气价格已经涨到700美元每千立方米。低气价使白俄罗斯2021年节省30亿至40亿美元。2020年9月，在白俄罗斯面临欧盟制裁的背景下，俄罗斯同意向白提供15亿美元贷款。此外，在劳务合作领域，每年有20万至45万白俄罗斯公民在俄罗斯就业，其收入为 6.9 亿美元，占白俄罗斯国内生产总值的 1.1%。

在军事和外交上，俄罗斯的支持是白俄罗斯应对北约威胁的重要保障。当然，白俄罗斯在北约东扩的过程中不为所动，成为俄罗斯防御北约的"西大门"和"屏障"，也是对俄罗斯的有力支持。

俄白两国的密切联系具有深厚的历史原因。基辅罗斯时期，白俄罗斯的一部分土地，包括波洛茨克公国，被基辅罗斯大公所统治。14 至 15 世纪，白俄罗斯这片土地归属立陶宛大公国。1569 至 1795 年，又属于立陶宛-波兰联合王国。1772 至 1917 年，白俄罗斯受俄国统治 145 年。其中，在 1918 年 3 月苏俄和德国签署《布列斯特和约》后，苏俄损失了将近 100 万平方千米的土地和近 5000 万居民，包括与波兰、立陶宛接壤的白俄罗斯西部和西北部。德国战败后，1922 年，苏俄与德国魏玛政府签署了《拉巴洛条约》，两国宣布放弃在《布列斯特和约》及一战后向对方提出的领土和金钱要求。1919 年 2 月至 1921 年 3 月，苏俄同波兰之间发生了战争。1921 年 3 月 18 日，双方在拉脱维亚首都里加签署《里加条约》，苏俄承认西乌克兰和西白俄罗斯归属波兰管辖。但是，18 年后，即 1939 年 9 月，趁着德国侵略波兰，苏联红军重新占领了格罗德诺和布列斯特。1941 年，德国军队进攻苏联，占领白俄罗斯全境。1944 年 7 月，苏联反攻，收复包括格罗德诺和布列斯特在内的白俄罗斯。

这些历史表明，俄罗斯同波兰、立陶宛、白俄罗斯之间的领土问题和历史恩怨源远流长，错综复杂。显然，白俄罗斯的"强势总统制"在很大程度上受到了俄罗斯"超级总统制"的影响。

三、进入国家和社会发展的新阶段

2020 年 8 月 9 日，白俄罗斯举行第六次总统选举，有约 690 万选民参与了投票，投票率为 84.28%。投票结束后，初步结果是卢卡申科得票率为 80.23%，反对派候选人季哈诺夫斯卡娅得票率为 10.12%。议会下院前议员卡诺帕茨卡娅、"讲真话"运动领袖德米特里耶夫、企业家切列琴得票率分别为 1.68%、1.21% 和 1.14%。此外，有 4.59% 的选民投票给"反对所有候选人"。选举结果一经宣布，反对派就声称选举中有"舞弊行为""不承认选举结果"。在首都明斯克和其他很多城市爆发了反对卢卡申科连任的示威游行和抗议集会，参加示威的人数最多时达到十几万至二十多万。抗议和示威活动持续数月。每逢周末，有数千或数万人上街示威集会。反对派领导人季哈诺夫斯卡娅以立陶宛为基地开展活动，通过社交媒体等现代技术手段指挥白俄罗斯国内反对派活动。同时她游说欧盟国家，受到波兰、法国等国领导人接见和支持，在国际上对白俄罗斯当局造成非常不利的影响。美欧宣布对白俄罗斯实行严厉制裁。这对白俄罗斯政局、经济、社会形势和对外关系造成前所未有的压力。对此卢卡申科总统采取了以下应对措施。

第一，得到全白人民大会的支持。在国家面临政治危机的时候，卢卡申科总统召开了全白人民大会。2021 年 2 月 11 至 12 日，全白人民大会在明斯克举行，约 2700 人参加，其中 2400 名代表来自全国 6 个州和明斯克市，涵盖各行业各阶层。大会讨论了《2021—2025 年社会发展规划》，确定了未来五年政治经济社会发展方向。最主要的是，大会明确支持卢卡申科总统的领导，维护了国家的安全与稳定，给了政治反对派及其西方势力沉重的打击。

第二，加快修宪进程。2020 年 6 月 26 日，白俄罗斯总统卢卡申科表示，必须修改本国的宪法，把权力初步下放给地方政府主席和州长们。他称，白俄罗斯将在两年内制定一部新宪法。在 8 月选举风波之后，白俄罗斯修宪进程不仅加快，而且修改的内容也发生了重要变化。

2020 年 8 月 17 日，卢卡申科在明斯克轮式牵引车厂与工人对话时表示，目前正在研究旨在重新分配权力的宪法修改方案，经全民公决后成为新宪法。他愿意分享总统权力，根据宪法交出（部分）总统权力。8 月 31 日，卢卡申科在会见白俄罗斯最高法院主席时承认，白俄罗斯目前的制度"有一些威权主义"，需要进行宪法和最高法院的改革。

2021 年 12 月 27 日，白俄罗斯公布宪法修正案，供公众讨论。根据新宪法草案，全白人民大会是白俄罗斯民主的最高代表机构，并被赋予立法权。该宪法草案中的条款包括，禁止外国公民和组织在白俄罗斯资助选举，白俄罗斯议会每届任期从 4 年增加至 5 年；总理将每年向全白人民大会报告该国社会经济发展计划的执行情况；全白人民大会有权任命最高法院和宪法法院以及中央选举委员会的成员和主席；全白人民大会拥有确定内政外交基本方向、批准国家经济发展规划、审议选举合法性、罢免总统、实行紧急状态和戒严状态以及提议修改宪法和举行全民公投等权力。草案删除了关于白俄罗斯是"无核国家"和奉行"中立"的对外政策的条款。草案还对总统任期加以限制，即连任不得超过两届，每届任期为 5 年，该限制从下一任总统开始实行。总统任期届满后，可以成为议会上院的终身议员。修正案还赋予前总统豁免权，总统在职期间的任何行为，将不会在其卸任后被指控或审判。

2022 年 2 月 27 日，白俄罗斯举行了修宪全民公决。超过 680 万名白俄罗斯公民参与投票，占全国人口的 79%。65.16% 的公民投了赞成票，10.07% 的公民投了反对票，宪法修正案获得通过。根据白俄罗斯法律，如果全民公投参加者中一半以上公民投票赞成，则公投决定在正式公布 10 天后生效。根据新宪法规定，如果卢卡申科 2025 年和 2030 年连续两届参加总统竞选并获胜，他将任职至 2035 年。

由于全白人民大会被赋予新职能，白俄罗斯国民会议代表院（下院）和共和国院（上院）的权力被进一步削弱。如何处理这三者之间的关系，有待完善。有消息说，2024 年白俄罗斯将再次举行全白人民大会。这表明该机构的权力将得到进一步加强。

第三，改革政党体制。白俄罗斯的议会选举与俄罗斯、乌克兰等国不同，不以政党为主要单位进行竞选，也不是政党和选区结合的混合方式，而是全部以选区为选举单位。

卢卡申科反对以政党为单位进行选举，他认为，按照政党进行选举，选出的议会将导致出现这样的危险，即出现代表不同利益的群体，造成社会分裂。2023 年 3 月 31 日，卢卡申科总统向白俄罗斯人民和国民议会发表讲话说，距离白俄罗斯的下一次选举还有不到一年的时间，选举准备工作已经在进行中：选举立法已经更新，民间社会和政党活动的法律框架已经确定。他在讲话中表示，"坦率地说，对我来说，这种政治多元化无非是对西方时尚的致敬……我再说一遍：政党是为了争夺权力而产生的。各种政治力量对权力的渴望不仅仅是观念和制度的竞争。这是社会的分裂。这有时会导致建设性的丧失"，"但是，我们从来没有，也永远不会阻碍政党的建设"。

卢卡申科的这一表态并非偶然。近年来"白色罗斯"的成立非常值得注意。白俄罗斯共和国公共协会"白色罗斯"成立于 2007 年 11 月 17 日，拥有 20 多万名成员。但是，直至 2020 年，该协会在白俄罗斯影响并不大。2020 年 8 月，"总统选举风波"后，白俄罗斯国内形势发生变化。在美国和欧盟支持下，反对派领导人季哈诺夫斯卡娅逃到立陶宛，在那里设立总部，指挥白俄罗斯国内反对势力的活动。卢卡申科需要有强大的政党支持总统及其方针路线。

2021 年，卢卡申科会见公共协会"白色罗斯"领导人奥列格·罗曼诺夫，要求其加强"公共组织的作用"。显然，这是该组织面临的最重要任务。经过将近两年筹备，"白色罗斯"党于 2023 年 3 月成立，5 月 2 日在司法部登记注册。5 月 13 日，该党高级政治委员会第一次会议在明斯克举行，决定在明斯克和全国各地区设立党组织分部。该党章程称，"'白色罗斯'党是捍卫人民利益的核心，是履行政府与人民之间社会契约的保证"，"'白色罗斯'党将自己定位为公民与国家对话的有效纽带，能够代表人民与当权者对话"。

新政党正在为 2024 年白俄罗斯的一系列选举做准备，并开始实施一项新的实践——重建政党制度并赋予其作为政治制度支柱的法律地位。这个过程可能进展较慢，但在 2024 年 2 月 25 日之前可能取得中期成果。政治制度发展的这一阶段对白俄罗斯第八届国民会议代表院代表的选举、国民会议共和国院成员的选举、第二十九届地方议会代表的选举等活动来说都非常重要。

第四，加快发展俄白联盟国家。在白俄罗斯对外关系中有一个特殊现象，即俄白联盟国家，其对白俄罗斯政治制度的演变具有重大影响。

1994 年 7 月，卢卡申科当选总统，此后 5 年间俄白关系实现"三级跳"。"第一级"是 1995 年 1 月两国签署《海关同盟协议》，从同年 5 月 26 日起俄

白取消边界，两国公民自由来往，无需护照；"第二级"是 1996 年 4 月 2
日，俄白签署《成立主权国家共同体条约》，规定俄白联盟是政治、经济、
军事、文化等方面的全方位联合，同时规定俄白均是主权国家，将保持各自
主权、独立和领土完整；"第三级"是 1997 年签署《俄罗斯和白俄罗斯联盟
条约》和联盟宪章。1999 年 12 月，又签署《关于建立俄白联盟国家的条
约》，将联盟关系提升为建立一个一体化联盟国家的关系，目标是以邦联制
（类似于欧盟）形式在外交和经济以及货币上进行一体化。俄白实施联盟国
家条约的行动纲领规定，从 2000 年起逐步拉平两国主要宏观经济指标；从
2001 年起实行统一的税收政策；从 2005 年起实行统一的贸易和关税政策，
当年年底以前实现货币统一。俄白联盟有 3 个机构：最高国务委员会、执行
委员会和联盟议会。最高国务委员会由成员国总统、总理和议会领导人组
成，主席由两国总统轮流担任。

　　然而，2000 至 2020 年年初，白俄罗斯放慢了建立联盟国家的步伐，但
2020 年夏的政治风波使白俄罗斯加大了对俄罗斯的依赖性，而俄罗斯也坚定
信心，决不能让白俄罗斯成为第二个乌克兰。俄罗斯承认白俄罗斯总统选举
的合法性，普京总统于 2020 年 8 月 10 日即祝贺卢卡申科当选总统。明斯克
发生示威抗议活动后，卢卡申科与普京多次通电话，商量对策。普京警告西
方不要干涉白俄罗斯内政，并表示俄罗斯将组建由执法人员组成的预备队，
以便帮助白俄罗斯稳定局势。9 月 14 日，卢卡申科赴索契与普京会晤。普京
说，俄罗斯将遵守双方所有协议，包括在俄白联盟条约和集体安全条约组织
框架下的协议。白方是俄罗斯的亲密盟友，俄罗斯将履行所有承诺。两国应
在国防领域加强合作。普京宣布俄罗斯向白提供 15 亿美元贷款，帮助其克
服经济困难。

　　2021 年 3 月 2 日，俄罗斯和白俄罗斯国防部首次签署了为期 5 年的战略
伙伴关系计划。这份 5 年合作计划的主要内容是：两国武装部队和特种部队
务实协作要在 2021 年实现积极进展。该计划明确了两国陆军、空军和防空
部队、特种作战部队和空降部队参与两军协作的具体任务和步骤。3 月 3 日，
卢卡申科表示，为了联合值勤，俄罗斯将在白部署战斗机。

2021 年 11 月 4 日，普京与卢卡申科在俄白联盟国家最高国务委员会视频会议上签署落实联盟国家一体化法令，批准涉及两国 28 个行业的一体化计划。明确了 2021 年至 2023 年落实建立俄白联盟国家条约的基本方向，旨在协调宏观经济战略、引入统一的税收原则，在金融信贷和银行、工业和农业领域执行共同政策，对石油、天然气、电力和运输服务市场进行统一协调等。该法令的签署意味着俄白两国在建设联盟国家的道路上前进了一大步，将有利于两国联合抵御西方干涉渗透，也有利于各自经济社会稳定发展。它标志着俄白以法律文本形式进一步固化在一体化问题上达成的新共识，俄白联盟国家建设取得重要突破，两国一体化进程将切实加快。

2022 年 2 月，在俄罗斯对乌克兰发动"特别军事行动"后，白俄罗斯予以支持，允许俄罗斯军队从白俄罗斯境内过境前往乌克兰前线，同意俄罗斯军队撤回部分军队到白俄罗斯境内休整。2022 年 10 月，俄白成立联盟军队。参加部署的俄罗斯军队 9000 人陆续抵达白俄罗斯，同时还有约 170 辆坦克等军事装备。根据 2022 年 2 月 27 日白俄罗斯修改宪法的全民公决，白俄罗斯改变立场，允许在本国部署俄罗斯战术核武器，称这是"对东欧加速军事化以及美国和北约日益增长的军事活动做出的恰当回应"。2023 年 8 月 15 日，白俄罗斯国防部部长维克托·赫列宁在莫斯科举行的国际安全会议上表示，"很明显"，俄罗斯和白俄罗斯未来可能会与北约发生直接冲突。"白俄罗斯共和国把战术核武器返回其境内视为有效的战略威慑因素"。

第五，白俄罗斯不会放弃主权和独立。对于这个问题各国学者有不同看法。白俄罗斯人有自己的身份认同和民族意识，他们认为，自己与俄罗斯人不同，白俄罗斯族是"最纯洁的"东斯拉夫民族，没有受到蒙古鞑靼的入侵和长期占领。国名白俄罗斯的"白"，就有民族和人种"纯洁""洁白"的含义；俄罗斯是欧亚国家，而白俄罗斯是"最纯粹的欧洲国家"，位于欧洲大陆的中心地带，古城波洛茨克是欧洲地理的中心。在白俄罗斯千年历史上，于 1991 年 12 月获得独立是千载难逢的机会。白俄罗斯和俄罗斯两国关于白俄罗斯的称呼也不一致。俄罗斯人称呼白俄罗斯为"Белоруссия"，而白俄罗斯公民则称自己的国家为"Беларусь"。

卢卡申科曾经表示，白俄罗斯的独立地位决不能在他的手中丧失。他不想以"失去"国家主权与独立的总统的形象载入史册。经过 30 年的努力，白俄罗斯的独立和主权已经深入人心。对于他们来说，建立俄白联盟国家固然是一件好事，但白俄罗斯不能因此失去主权和独立。

俄罗斯也明白，如果与白俄罗斯的关系处理不好，必将导致俄罗斯与西方关系更加恶化。在俄罗斯与西方之间，有白俄罗斯横亘于中间，对俄可以起到缓冲作用。

此外还有一个因素也使俄罗斯对俄白合并持谨慎态度。2022 年 2 月，俄乌冲突以来，联合国多次大会就此问题表决时，白俄罗斯始终是坚定的支持者。如果白俄罗斯失去主权国家资格，那么在国际事务上将减少一个支持俄罗斯的国家，这对俄罗斯更加不利。因此，迄今俄罗斯方面着重强调双边经济一体化和军事一体化，以及在欧亚经济联盟框架内的经济一体化，而不是把白俄罗斯并入俄罗斯联邦。可以预计，白俄罗斯作为俄罗斯最密切的盟国和战略伙伴的地位不会改变，在可以预见的将来，白俄罗斯国家的独立地位也将保持下去。

（本文系作者 2023 年 9 月 3 日在北京外国语大学与中国俄罗斯东欧中亚学会举办的"斯拉夫国家社会与文化比较研究学术研讨会"上的发言。）

2020 年白俄罗斯政局走向

2020 年 8 月 9 日白俄罗斯总统选举后，反对派不承认选举结果，组织大规模抗议活动，已经持续 4 个多月。其中的原因错综复杂，既有经济、政治、历史、地缘政治的原因，也有美国和欧盟渗透、干涉内政等因素。与此同时，虽然受到新冠疫情和白俄罗斯政局动荡的影响，中白两国在共建"一带一路"框架下的合作依旧克难前行。对于建设中白工业园以及其他方面存在的问题，需要中白双方共同努力，加以克服。随着疫情的缓和及白俄罗斯局势的逐渐稳定，中白合作将得到新的发展。

一、大规模抗议活动突发的原因

这次抗议活动的时间之长、规模之大、影响之深刻，是白俄罗斯独立以来从未有过。分析原因，主要有以下四个方面：

（一）近十年来白俄罗斯经济低迷

由于 2008 年国际金融危机的影响以及白俄罗斯自身长期积累的问题，2011 年 4 月，白俄罗斯爆发金融危机，货币大幅贬值，物价飙升，居民收入急剧下降。2011 年以来，白俄罗斯经济形势一直低迷，2012 年国内生产总值增长 1.8%，2013 年为 1.0%，2014 年为 1.6%。2015 年国内生产总值下降 4%，2016 年下降 2.7%。2015 年白俄罗斯对俄罗斯出口额同比减少 32.7%。2016 年经济形势未现好转，未能实现白俄罗斯政府制定的全年国内生产总值增长 0.3% 的目标。2017 年经济开始得到恢复，国内生产总值增长 2.4%。2018 年和 2019 年分别增长 3% 和 1.2%。2019 年国内生产总值为 630 亿美元，人均 6663 美元，比 5 年前减少 1200 多美元。2019 年白俄罗斯国内生产总值同比增长 1.2%，低于年初设定的全年增长 4%的目标。经济不佳导致人民生活水平下降。2010 年 12 月白俄罗斯总统选举前夕，职工月平均工资约为 500 美元。教育行业的平均收入更低，约合 350 美元。很多中小学的老师还达不到这个水平。医疗卫生部门、餐饮业、农业生产合作社成员的收入也较低。

居民收入下降的原因之一是白俄罗斯卢布大幅贬值。2015 年 12 月 31 日，1 美元兑 18 569 白卢布，同比贬值 57%。2016 年白卢布又贬值 20%，国家因此损失 30 亿美元。在收入减少、货币贬值的同时，通货膨胀率却不断攀升：2011 年通胀率为 53.23%，2012 年为 59.22%，2013 至 2016 年通胀率每年都在 10%以上，2017 年为 4.6%，2018 年为 5.6%，2019 年为 4.7%。这也是一些退休人员、妇女、教师和医护人员参加示威游行的原因之一。

屋漏偏逢连夜雨。2020 年 1 至 5 月，受到新冠疫情和国际经济形势低迷的影响，白俄罗斯经济同比下降 1.8%，商品和服务贸易总额同比下降 17.7%，贸易逆差达 12.3 亿美元。广大居民不仅受到经济下行的影响，而且深受新冠疫情的困扰。生活水平下降和新冠疫情叠加，使得广大居民的不满情绪激增。

（二）"白俄罗斯发展模式"亟须改革

1996 至 2008 年，白俄罗斯经济年均增长 8%以上。到 21 世纪初，经济已超过独立前水平。2000 年和 2001 年工业产值分别超过 1989 年的 3%和 9.1%。[1] 白俄罗斯领导人称之为"白俄罗斯发展模式"。此后 8 年白俄罗斯经济下滑，固然与国际金融危机、国际石油市场价格下跌、俄罗斯对白经济支持减少等客观原因有关，但是白俄罗斯经济结构落后、效率低下、产品竞争力弱、投资不足、债台高筑、思想保守、经济政策失误等也是其中重要原因。白俄罗斯国有经济收入占全国财政收入的 76%。白俄罗斯经济转型20 余年来，国有经济成分仅下降 7.2%。约 55%人口在国企工作，企业管理方式基本上是"苏联式"的。随着俄罗斯和其他国家对白投资减少，美国和

---

〔1〕 韩璐:《白俄罗斯经济发展现状及前景》,载《欧亚经济》,2018 年第 3 期,第 111—124、126、128 页。

欧盟对白持续经济制裁，加上白俄罗斯经济管理体制存在的弊病，经济效益和劳动生产率不高，整个经济缺乏足够的动力和活力。

（三）民族主义、亲俄罗斯、亲西方三种思潮激烈争斗

白俄罗斯自独立以来，一直存在民族主义、亲西方力量和亲俄罗斯力量之间的斗争。这既与白俄罗斯的历史、地缘政治有关，又关系到这个国家走什么道路，向何处去。

白俄罗斯示威游行队伍里打出的白红白旗和欧盟旗帜，反映了白俄罗斯反对派的民族主义和亲欧盟倾向。1918 年 3 月 25 日，在德国扶持下，成立了白俄罗斯人民共和国。其国旗是白红白三色。这个共和国只存在了不到 9 个月，在德军撤离后的 1919 年 1 月 5 日就被苏联红军推翻。在白俄罗斯建立了苏维埃共和国，并于 1922 年 12 月加入苏联。

苏联解体后，白俄罗斯有一股政治力量主张恢复资产阶级的白俄罗斯人民共和国，与西方合作，以融入欧洲为目的。每年 3 月 25 日（历史上白俄罗斯人民共和国的成立日），白俄罗斯政治反对派都要打着白红白旗，在明斯克举行游行示威。一些白俄罗斯政治精英认为，俄罗斯不是纯粹的欧洲国家，而白俄罗斯才是真正的欧洲国家，应与欧盟一体化。

莫斯科卡内基基金会主任德米特里·特列宁撰文说，最近俄罗斯的三个盟国——亚美尼亚、白俄罗斯和吉尔吉斯斯坦同时面临严峻危机。而"最重要和最危险的危机是在白俄罗斯。它有可能使俄罗斯失去最有价值的盟友和最密切的经济伙伴。白俄罗斯的抗议活动日益激进，并具有反俄性质。白俄罗斯的反对派得到波兰、立陶宛乃至欧盟和北约越来越多的支持"。

20 世纪 90 年代初期，以最高苏维埃主席舒什凯维奇为首的亲西方势力在白俄罗斯占据上风。然而 1994 年 7 月卢卡申科当选总统后，1996 年 4 月至 1999 年 12 月，在短短 3 年内，白俄罗斯和俄罗斯就从共同体发展到联盟国家。白俄罗斯是独联体、集体安全条约组织、欧亚经济联盟主要成员国，是抵御北约东扩，俄罗斯战略防御的"西大门"。为此，美欧一直图谋对白俄罗斯搞"颜色革命"，资助亲西方的"非政府组织"。据俄罗斯对外情报局局长纳雷什金说，仅 2019 年至 2020 年年初，美国中情局就向白俄罗斯各类"非政府组织"提供了约 2000 万美元的活动经费，用以组织抗议活动。

美欧在挥舞大棒的同时，也对白俄罗斯采取"软的一手"。2008 年 6 月，欧盟峰会批准波兰和瑞典提出的"东部伙伴关系"倡议，与乌克兰、白俄罗斯、摩尔多瓦、格鲁吉亚、阿塞拜疆和亚美尼亚 6 国发展关系，企图"挖俄罗斯的'墙角'"。白俄罗斯也响应了这一倡议，每年都派副总理或部长级代表团参加有关会议。2019 年 8 月，美国国家安全顾问约翰·博尔顿访问白俄罗斯，2020 年 2 月 1 日，美国国务卿蓬佩奥访明斯克，双方决定恢复互派大使。针对俄白能源分歧，蓬佩奥称，美国能源企业愿意以市场价格提供白俄罗斯所需的全部能源。

二、白俄罗斯政局发展趋势

首先，已经执政多年的卢卡申科总统将继续执政一段时间，而反对派的抗议活动也将随之继续。出现这种可能的主要因素有四个：

第一，卢卡申科继续执政的意志坚定。2020 年 8 月 23 日，卢卡申科乘坐直升机巡视明斯克中心的抗议示威人群。在总统府降落后，他身穿防弹背心，携带冲锋枪，与守卫在总统府面前的士兵们打招呼，向他们表示感谢。9 月 23 日，他在明斯克独立宫宣誓就职。他任命新政府、视察工厂和部队、观看军事演习、到内务部拘留所与被关押的反对派领导人对话、去俄罗斯与普京总统会晤。所有这些都被表明，卢卡申科依旧掌控着强力部门和政权机构，国家和政府的职能仍在比较正常运转。

第二，白俄罗斯反对派比较弱小。反对派领导人季哈诺夫斯卡娅在国外成立"全国协调委员会"，但从国外领导推翻卢卡申科政府的斗争，难度很大。

第三，美国和欧盟对卢卡申科的态度留有余地。美欧虽然不承认总统选举结果，呼吁白俄罗斯当局停止暴力对付抗议者和释放被拘留的人员，但是并未像前几次那样对白实行经济制裁。2020 年 10 月 24 日，美国国务卿蓬佩奥与卢卡申科总统通电话，要求持美国护照的反对派积极分子维塔利·什可利亚罗夫获释并离开白俄罗斯。欧盟对白俄罗斯的态度也不是"铁板一块"，德国、法国的态度显然没有波兰、立陶宛强硬。

第四，俄罗斯依旧坚决支持卢卡申科。在 2014 年乌克兰彻底倒向美欧以后，俄罗斯再也不能让白俄罗斯成为第二个乌克兰。俄罗斯承认白俄罗斯总统选举的合法性，警告西方不要干涉白俄罗斯内政，并表示俄罗斯将组建由执法人员组成的预备队，以便帮助白俄罗斯稳定局势。2020 年 9 月 14 日，卢卡申科总统赴索契与普京会晤。普京说，俄罗斯将遵守双方所有协议，包括在俄白联盟条约和集体安全条约组织框架下的协议。普京宣布向白俄罗斯提供 15 亿美元，帮助其克服经济困难。几个月来俄罗斯总理米舒斯京、外长拉夫罗夫、防长绍伊古、对外情报局局长纳雷什金纷纷访问明斯克，与白俄罗斯方面磋商加强合作、克服白俄罗斯危机的方案和举措。

其次，如果局势恶化，白俄罗斯当局将在明斯克或全国主要城市实行紧急状态，禁止举行示威、集会、游行等任何抗议活动。这将导致白俄罗斯当局同反对派、同西方之间的冲突升级。

2020 年 10 月 26 日以来，反对派的抗议活动有加剧的趋势，一些工厂发生罢工，参加示威的大学生、退休人员和医生的数量增加。卢卡申科的表态也变得愈加强硬，10 月 30 日，他在内务部会议上说，"最近几天的形势是恐怖主义的战争"，要求执法人员"坚决、严厉、同时又漂亮地应对反对派支持者们的行动"。10 月 31 日，为了应对大规模的抗议活动，装甲车第一次出现在明斯克街头。俄罗斯分析人士认为，如果局势继续紧张和恶化，譬如反对派的抗议活动逐步向极端化方向发展，从和平示威演变为暴动、冲击政权机关大楼、发生人员伤亡，白俄罗斯政府很可能将在首都或全国实行紧急状态。

最后，卢卡申科总统与反对派开展一定程度的对话

卢卡申科总统开始进行宪法改革，局势逐步缓和。宪法改革的内容是扩大议会和政府的权限，修改选举法，允许包括反对党在内的主要政党参加议会竞选。8 月 17 日，卢卡申科在明斯克轮式牵引车厂与工人对话时表示，目前正在研究旨在重新分配权力的宪法修改方案，经全民公决后成为新宪法。

他表示愿意分享总统权力，根据宪法交出（部分）总统权力。

8月31日，卢卡申科会见白俄罗斯最高法院主席时承认，白俄罗斯目前的制度"有一些威权主义"，需要进行宪法和最高法院的改革。目前有一批专家正在研究改革的可能性，包括给予法院更多的独立性。9月8日，卢卡申科在接受"今日俄罗斯"等俄罗斯媒体联合采访时说，不排除白俄罗斯在宪法改革后提前举行总统选举的可能性。

俄罗斯比较赞成修改宪法的方案。美欧国家对白俄罗斯的宪法改革也乐见其成。11月26日，俄罗斯外长拉夫罗夫访问白俄罗斯，称业已启动的宪法改革有助于稳定白俄罗斯的局势。[1] 12月2日，普京总统在集体安全条约组织峰会上说，"希望白俄罗斯人民有足够的政治成熟，能够平静地进行国家内部的政治对话，在没有外来干涉的情况下解决内部问题"。[2] 他表示"相信白俄罗斯总统有足够的政治经验"应对面临的局势。

卢卡申科总统也表示，一旦宪法改革的方案获得通过，他将不再担任总统。

由此可见，白俄罗斯的局势有可能进入一个新的阶段。

三、中白共建"一带一路"国际合作的进展

中白两国克服了因疫情肆虐、白俄罗斯国内抗议活动等因素对中白合作造成的不利影响，在中白工业园建设、抗疫合作、政治互信、合作机制、经贸投资、人文合作等方面均取得一定进展，中白合作彰显出旺盛的生命力和高度的韧性。

中白工业园是两国共建"一带一路"国际合作的标志性工程，也是两国互利合作的示范项目。2020年，中白工业园从建设期转入高质量发展期，尽

---

〔1〕《俄外长表示白俄罗斯宪法改革有助于稳定白局势》，http://www.xinhuanet.com/world/2020-11/27/c_1126791305.htm。

〔2〕 "Путин выразил надежду на достаточную политическую зрелость у белорусов"，Газета.Ру，02. 12. 2020.

管部分投资项目和招商引资计划因疫情等原因无法正常实施，但园区建设经营仍取得不小的进展。2020 年共吸引 13 家企业入园，入驻企业数量增长到 68 家，累计投资额超过 12 亿美元，创造直接就业岗位 1000 余个。其中欧亚铁路公司入驻后将在园区内投资建设货运铁路场站，实现中欧班列等铁路运输大通道与中白工业园的对接，对于工业园未来发展具有重要意义。国机火炬园项目在疫情之年率先入园，对于园区招商引资和复工复产具有示范带动作用。中白科技成果产业化创新中心正式投产运营后，将担负起内部培育和孵化高科技产业的使命，推动园区的国际创新合作。明斯克国际展会中心项目举行开工仪式意味着园区配套设施的系统化，将为园区长期良性发展提供保障。2020 年中白工业园被白俄罗斯政府列为首个 5G 试验区和首个无人车试验区。工业园因优惠的投资政策、良好的投资环境等斩获多个奖项。9 月 4 日，中白工业园在中国国际服务贸易交易会上荣获全球服务示范案例奖。10 月 15 日，在《fDi》杂志举办的 2020 年全球自由经济区评级中，中白工业园荣获"一带一路"倡议最佳经济特区。

在抗疫合作方面，2020 年年初中国武汉发生疫情后，卢卡申科总统专门致信习近平主席表示慰问，白俄罗斯政府向中国提供了两批援助物资，白方一些机构和各界代表还积极声援武汉。白俄罗斯发生疫情后，习近平主席也向卢卡申科总统致慰问电。中国政府以及社会各界也积极援助白方，双方医疗专家还多次交流经验，充分体现出中白关系的高水平和特殊性，印证了"铁哥们"之间的全天候友谊。

在政治互信方面，2020 年 6 月 11 日，中白两国元首进行电话交谈，探讨双边合作等问题。白俄罗斯第六届总统选举结束后，习近平主席致电卢卡申科，祝贺其再次当选白俄罗斯总统。在欧美等一些国家拒绝承认卢卡申科胜选并对白俄罗斯政府施压采取制裁措施的情况下，中国外交部发言人以及中国常驻联合国代表团新闻发言人多次表态指出，反对外部势力干涉白俄罗斯内政，支持白方为维护国家独立、主权、安全和发展所作的努力，相信在卢卡申科总统的领导下白俄罗斯将恢复稳定和社会安宁。卢卡申科总统向习近平主席致抗日战争胜利日贺电和国庆贺电，并多次公开表达白俄罗斯是中国真正的朋友的立场以及推进双边关系不断发展的愿望。7月1日，在日内瓦举行的联合国人权理事会第44次会议上，白俄罗斯代表46国作共同发言，积极评价中国新疆人权事业发展成就和反恐、去极端化成果，支持中国在涉疆问题上的立场。

在合作机制方面，2020年12月14日，中白政府间合作委员会第四次会议如期召开，中方主席郭声琨指出，双方自第三次会议以来在经贸、科技、执法、教育、文化等领域合作成效显著。双方要进一步加强战略对接，推进高质量共建"一带一路"合作，以重大合作项目为牵引，推动中白合作走深走实，实现两国共同发展繁荣。白方主席尼古拉·斯诺普科夫表示，希望深化各领域合作，推动双边关系不断迈上新台阶。双方签署了会议纪要和关于在委员会框架内成立海关检验检疫合作分委会的议定书，以及经贸领域相关合作文件。年内两国政府均任命了新的大使，原白俄罗斯总统办公厅副主任尼古拉·斯诺普科夫接替基里尔·鲁德担任驻华大使，后又回国转任第一副总理，驻华大使一职由白俄罗斯国家海关委员会主席尤里·先科担任。2020年11月12日，谢小用向白俄罗斯外长递交国书副本，正式接替崔启明担任中国驻白俄罗斯大使。2020年是中白地方合作年。8月25日，白俄罗斯驻重庆总领事馆开馆，德米特里·叶梅利亚诺夫任该馆首位领事官员。

在投资经贸领域，2020年6月30日，时任第一副总理斯诺普科夫在接受白通社采访时指出，2015年以来，中国每年向白俄罗斯提供经济技术援助约1.3亿美元，主要用于建设白俄罗斯的社会住房、大学生宿舍和其他基础设施，包括中白工业园科技中心、公寓楼、变电站等。未来3—4年内，预计规划建设的项目将达到8亿美元。[1] 据白方统计，截至2019年年底，中国对白累计投资11.7亿美元，其中直接投资3.9亿美元。[2]

据白俄罗斯国家统计委员会数据，前10个月中白贸易额为36.33亿美

---

〔1〕 "Беларусь ежегодно получает от Китай технико-экономическую помощь в размере около $130 млн", 30 июня 2020, https://www.belta.by/economics/view/belarus-ezhegodno-poluchaet-ot-kitaja-tehniko-ekonomicheskuju-pomosch-v-razmere-okolo-130-mln-396812-2020/

〔2〕《谢小用大使接受白俄罗斯国家通讯社记者专访》, http://by.china-embassy.org/chn/zbgx/sbgx/t1836932.htm

元，同比下降 2.3%。相对于同期白俄罗斯外贸额下降 16.9%，俄白贸易额下降 18.4%，中白贸易额下滑幅度不大。中国从白进口额 6.12 亿美元，同比增长 6.3%，向白出口 30.21 亿美元，同比下降 3.9%。中方顺差 24.09 亿美元。[1]

在人文合作方面，教育合作成绩显著。中国对白每年开展 40 个名额政府奖学金交流项目。目前，白俄罗斯在华留学生近千名，中国在白留学生达到数千名。中国驻白俄罗斯大使馆自 2016 年起设立"中国大使奖学金"，5 年来共资助 148 名学习汉语的白俄罗斯大、中学生。中国迄今在白俄罗斯已设立 6 所孔子学院和 1 个孔子课堂。2014 年以来中国的高等院校已建立 14 家白俄罗斯研究机构，北京外国语大学、北京第二外国语学院、天津外国语大学和西安外国语大学还设立了白俄罗斯语专业。双方的科研合作也很密切。中国社会科学院与白俄罗斯科学院设立了中白人文合作论坛，两院贯彻落实两国元首达成的共识，建立了中白发展分析中心，服务于两国政府间合作委员会以及"一带一路"框架下的合作。文化合作方面，2016—2017 年两国文化部在对方相继设立文化中心，已连续 6 年举办"欢乐春节"演出等文化活动，受到白俄罗斯人民的喜爱。

（本文原载于《上海合作组织发展报告（2021）》，社会科学文献出版社 2021 年 10 月版。）

---

〔1〕 Национальный статистический комитет Республики Беларусь, https://www.belstat.gov.by/ofitsialnaya-statistika/realny-sector-ekonomiki/vneshnyaya-torgovlya/.

近三十年来中白关系的发展与经验

中国和白俄罗斯自 1992 年 1 月建交至今，历经 28 年、4 个阶段。两国在政治、经贸、人文、国际和地区事务等各个方面的合作发展顺利，已建立起"全天候"的"全面战略伙伴关系"。中白关系发展之所以取得这样好的成就，主要是两国具有很多共同点，恪守和平共处五项原则，在国际和地区问题上的立场相同或近似。

一、中白关系发展四部曲

如果把中国和白俄罗斯友好合作关系 30 年的发展比喻成一部雄壮的交响曲，那么可以分为四个美妙的乐章，也就是四个阶段。

（一）第一阶段（1992—1994 年）：建立外交关系

苏联解体后，1991 年 12 月 27 日，中国驻俄罗斯大使王荩卿作为政府代表赴白俄罗斯首都明斯克，与白俄罗斯外长彼得·克拉夫琴科举行会谈，就建交问题交换意见。1992 年 1 月 20 日至 24 日，白俄罗斯部长会议主席维亚切斯拉夫·凯比奇率领政府代表团访问中国，并在 1 月 20 日签署两国建立外交关系的协定和经济贸易合作协定。对于独立伊始的白俄罗斯来说，与中国建交不仅在政治上，而且在经济上具有非常重要的意义。

1992 年 4 月，中国驻白俄罗斯第一任大使王行达递交了国书。中国大使馆也成为白俄罗斯获得主权和独立地位后，在明斯克开设的第三个大使馆。白俄罗斯驻中国临时代办米哈伊尔·沙利莫则于 1993 年 3 月到达北京。

1993 年 1 月 8 日至 12 日，以最高苏维埃主席斯坦尼斯拉夫·舒什凯维奇为首的白俄罗斯代表团对中国进行国事访问。双方签署了联合声明、政府间鼓励和互相保护投资协定、民事和刑事法律援助条约等文件。

中白关系的第一阶段虽然时间短暂，但是建立了两国外交关系，开始了两国之间友好、正常的来往与合作，为双边关系发展奠定了基础。

（二）第二阶段（1995—2005 年）：走向战略伙伴关系

这一阶段两国在政治、经贸、文教等方面的合作得到长足发展，朝着战略伙伴关系逐渐迈进。

1. 高层互访明显增加

1995 年 1 月 17 日至 19 日，白俄罗斯第一任总统亚历山大·卢卡申科对中国进行国事访问，双方签署联合声明。这是卢卡申科作为总统对除原苏联加盟共和国以外的国家进行的第一次正式访问。1995 年联合声明中所说的"建设性协作新阶段"是符合实际的。因为在卢卡申科执政之前，以舒什凯维奇为首的白俄罗斯领导人对内搞激进的市场经济改革，对外奉行以亲西方为主的外交方针，中白关系发展受到很大影响。而卢卡申科上任后，开始实行"面向社会的市场经济"，积极与俄罗斯合作和结盟，坚决反对北约东扩。"随着卢卡申科当选白俄罗斯共和国总统，白俄罗斯和中国的关系在性质和发展速度上发生了明显变化。"[1]

自 1995 年开始，中国各层级代表团频频访白。1995 年 6 月，国务院总理李鹏访问白俄罗斯，签署了一系列合作文件，包括中国政府向白无偿提供价值 850 万元商品的协议。随后，为了落实李鹏总理访问期间达成的协议，中国对外经济贸易合作部副部长孙振宇率领大型代表团访白，深入研究白俄罗斯市场并建立贸易关系。

1996 年 12 月 4 日至 8 日，白俄罗斯代总理谢尔盖·林格率领政府代表团访华，重点讨论提高双边贸易额、开展生产与科技合作的问题。

1997 年 4 月，国务院副总理吴邦国访问白俄罗斯。双方就贸易增长、参与保障欧亚交通走廊建设、在两国建立合资企业等问题达成协议。1999 年 3

---

〔1〕 Анатолий Тозик, *Белорусско-китайские отношения в воспоминаниях белорусских послов*, К 25-летию установления дипломатических отношений, Минск：Издательский дом "Звязда"，2017 г，35 с.

月，国务委员吴仪访问白俄罗斯。双方详细讨论了经贸与科技合作方案。2000年7月，国家副主席胡锦涛访问白俄罗斯，受到热情而隆重的接待。9月初，全国人大常委会委员长李鹏访白，加强了两国最高立法机构之间的合作。

2001年7月，中国国家主席江泽民首次对白俄罗斯进行国事访问。其间，双方发表联合新闻公报，称此次访问"为新世纪双边关系长期、稳定发展注入了新的活力"。

2. 经贸合作加强

随着政治关系的加强，中白经贸合作也迅速发展。1992年中白双边贸易额为3400万美元，1993年为4300万美元。通过双方努力，1995年达到1.03亿美元。由于双方刚建立起联系，对市场营销的研究也刚刚起步。白俄罗斯政府各机构、部门和企业表现得更加主动。这一阶段中白经贸合作的主要成绩如下：

第一，取消中介环节，钾肥交易量翻番。钾肥在白俄罗斯对中国的总出口量中约占70%。当时中国约60%的宜耕土地钾肥短缺，迫切需要进口钾肥，每年需要进口钾肥约220万吨。与白俄罗斯竞争中国钾肥市场的有加拿大、以色列、约旦及俄罗斯的公司。当时白俄罗斯钾肥通过总部设在莫斯科的国际钾肥公司销往中国。白俄罗斯决定取消中介环节，直接与中国联系。1996至1999年间，白俄罗斯钾肥在中国的销售量翻了一番多。

第二，成立合资企业，经营矿用自卸车。白俄罗斯的汽车设备出口也是增加商品销量的一个优先方向。20世纪90年代初，世界最大水电站——长江三峡水电站开始建设，自动装卸车辆的市场需求大增。当时，中国约有2000辆载重量30吨至42吨的自动装卸车，远远不能满足需要。在此背景下，从1996年起，白俄罗斯开始向中国出口别拉斯牌自动装卸车。2009年9月18日，中航技国际工贸有限公司和白俄罗斯别拉斯自动装卸汽车制造厂在中国成立了合资企业——中航别拉斯矿山机械有限公司，注册资本为5000万元人民币，双方各占50%。主要经营别拉斯牌30吨至320吨的矿用自卸车。

第三，成立合资公司，生产特种车辆。明斯克轮式牵引车厂与中国航天三江集团在湖北省孝感市成立了三江瓦力特特种车辆有限公司，1997年试运营，1998年5月开业，直至今日仍在生产需求量颇大的卡车。为表彰三江集团的杰出贡献，集团党委书记孙梅初和合资企业总经理王建被授予"白俄罗斯共和国荣誉勋章"。

2002年中白贸易额达到2.639亿美元，占白俄罗斯与亚太地区国家贸易总额的47.5%。2005年中国对白俄罗斯进出口贸易额达到7.1497亿美元，其中出口额增加1.7倍，达4.3087亿美元，进口额增长到2.841亿美元，贸易顺差达1.4677亿美元。

这一阶段存在的问题是，白俄罗斯在对外经济活动中缺乏经验，不知道如何开拓中国市场、如何制定竞争策略，常常不愿放弃预先设定的不合理价格而导致失去客户。白俄罗斯商品和服务销售方的出口战略在产品推销、灵活报价、售后服务和备用配件等四个方面存在不足。2000年明斯克飞往北京的定期航班被取消，也对双边经贸往来发展产生了负面影响。

（三）第三阶段（2005—2013年）：全面发展和战略合作

2005年12月，卢卡申科总统再次对中国进行国事访问。与此同时，白俄罗斯在2005年年底取消了台北驻明斯克经济和文化代表处的注册权利。卢卡申科访华期间双方发表的联合声明指出，中白关系从此进入全面发展和战略合作的新阶段。双方签署了加强地方合作的协定。两国领导人决定在未来几年将中白贸易额提升到15亿美元。当时我在中国驻白俄罗斯使馆工作，见证了这一重大事件。实际上，2020年双边贸易额已提升到20亿美元。

2007年11月4日至6日，温家宝总理访问白俄罗斯时指出："我此次访白，就是为了通过同卢卡申科总统等白领导人会晤，落实两国元首达成的共识，就进一步推动双边关系，提高中白合作水平深入交换意见，为中白关系注入新动力。"[1]

2010年3月24日至27日，国家副主席习近平访问白俄罗斯。这是

---

[1] 《温家宝抵达明斯克开始对白俄罗斯进行正式访问》，新华社明斯克2007年11月4日电。

习近平首次访白，白方高度重视。根据日程安排，卢卡申科总统与习近平副主席首先举行20分钟一对一会谈，然后举行大范围会谈。结果卢卡申科与习近平的一对一会谈一延再延，持续了将近两个小时。两位领导人就中白关系和国际局势进行了深入的交谈，其中一项重要成果是就建设中白工业园达成一致意见。

（四）第四阶段（2013年以来）：全面战略伙伴关系

2013年7月15日至17日，卢卡申科总统对中国进行国事访问，两国宣布建立全面战略伙伴关系。在推进双边关系的具体举措中，令人瞩目的是建设中白工业园。2014年，该工业园建设正式启动。

2015年5月10日至12日，习近平主席访问白俄罗斯。双方签订了《中华人民共和国和白俄罗斯共和国友好合作条约》，为两国关系进一步发展奠定了坚实的法律基础。习近平主席考察了中白工业园。该工业园位于明斯克以东约25千米处，总规划面积91.5平方千米，预计总投资为50亿至60亿美元。习近平主席和卢卡申科总统出席了工业园管委会向首批入园企业颁发入园证书和意向入园企业向工业园管委会提交入园协议的仪式。习近平表示，要把中白工业园建设作为合作重点，发挥政府间协调机制作用，将园区项目打造成"丝绸之路经济带上的明珠和双方互利合作的典范"。[1]

为了加快工业园建设，2015年8月31日卢卡申科颁布《关于发展白俄罗斯共和国与中华人民共和国双边关系》的第五号总统令，把与中国在"一带一路"框架下的合作提升为白俄罗斯的国家战略。总统令不仅给予中白工业园很大的优惠政策，而且在吸引投资方面表现出更大的灵活性。自此，工业园建设进入高潮，到2019年年底，第一期8.5平方千米基础设施建设完工，57家企业签署入驻协议，协议投资额超过11亿美元。[2]

在中白关系快速发展的背景下，2016年9月28日至30日，卢卡申科总

---

[1]《习近平：把中白工业园建成合作典范》，http://politics. people. com. cn/n/2015/0512/c70731-26983940. html。

[2] 赵会荣：《中国和白俄罗斯关系的进展和前景》，载《世界知识》，2020年第1期，第66—68页。

统再次访华。两国宣布致力于建立相互信任、合作共赢的全面战略伙伴关系，发展双方全天候友谊，携手打造利益共同体和命运共同体。双方愿共同积极推进"一带一路"建设，加强"一带一路"倡议与白俄罗斯发展战略对接，深化双方基础设施、运输物流、信息通信等领域务实合作，共同保障有关项目安全顺利推进，进一步提升两国互利合作水平。

9月30日下午，卢卡申科总统在北京大学英杰交流中心发表演讲。卢卡申科说，这是他第九次来到中国，在白中建交的25年里，白中两国始终保持友好合作的关系。他表示，白俄罗斯处于欧洲中心的地缘位置，希望成为推动世界多极化和欧洲稳定的一个支点。令他感到自豪的是，白俄罗斯与巴基斯坦、柬埔寨一起，成为中国最友好的国家之一。中国人称巴基斯坦是"巴铁"（巴基斯坦"铁哥们"），现在中国又有了"白铁"（白俄罗斯"铁哥们"）。

2013年下半年以来的这个阶段，是中白关系发展最快的阶段。近5年来，中国平均每年对白投资3亿多美元。在白俄罗斯登记注册的中资企业增加到300多家。2019年两国贸易额突破40亿美元。

在政治、经济、贸易合作发展的同时，两国的人文合作也不断发展。双方签署了高等教育学历和学位互认文件。截至2019年5月，中白共签署2份政府间教育合作协议、3份政府部门间合作协议和350多份校际合作协议，每年开展含40个名额的政府奖学金交流项目。白俄罗斯开设了6所孔子学院和2个孔子课堂。2014年以来，中国陆续建立10余家白俄罗斯研究中心，个别院校还设立了白俄罗斯语专业。中国在白俄罗斯的留学生数千人，占外国留学生总数的15%以上。来华留学的白俄罗斯青年也逐年增加。中白每年轮流举办文化节，促进了两国人民的相互了解。两国分别在北京和明斯克建立了文化中心。中白两国互免普通护照人员签证协议于2018年8月10日生效。中国公民持普通护照可免签入境白并停留不超过30天，每年累计停留不超过90天。白俄罗斯是独联体国家中第一个与中国实行普通护照免签的国家，这充分反映了中白关系发展的高水平。

中白两国在联合国等国际多边舞台上的合作也很密切。具有代表性的例子是，2019 年 10 月 29 日，白俄罗斯代表 54 国在联大第三委员会审议人权问题时发言，坚定支持中国在新疆采取的反恐和去极端化措施。[1] 2020 年 7 月 1 日，在日内瓦举行的联合国人权理事会第 44 次会议上，白俄罗斯又代表 46 个国家作共同发言，积极评价中国新疆人权事业发展成就和反恐、去极端化成果，支持中国在涉疆问题上的立场。[2]

在 2020 年抗击新冠疫情斗争中，中白两国互相支持，体现了真挚的友谊。1 月 30 日，白俄罗斯政府派军机运送第一批 20 吨援助物资到武汉。[3] 2 月 6 日下午，白军方一架伊尔-76 专机运载的第二批 20 吨物资抵达北京，包括外科医用大褂、口罩、手套、碘酒、防护服、消毒液及其他医疗用品。[4] 而中国在抗击新冠疫情斗争取得明显成效后，4 月 17 日上午，中国援助的大量防护服、新冠病毒检测试剂盒等 30 吨抗疫物资运抵明斯克。[5] 2021 年 2 月 19 日，中国政府援助白俄罗斯的新冠疫苗运抵明斯克。白俄罗斯卫生部长皮涅维奇和中国驻白俄罗斯大使谢小用到机场迎接，并出席疫苗交接仪式。皮涅维奇在致辞中对中国政府向白俄罗斯无偿提供宝贵的新冠疫苗表示感谢。[6]

2020 年 6 月，两国元首通电话，就新冠疫情背景下发展中白关系和深化各领域合作交换意见，达成重要共识。双方在涉及彼此核心利益和重大关切问题上相互坚定支持，在联合国等国际组织中开展密切协作。

2020 年 8 月 9 日总统选举后，白俄罗斯政局发生动荡。中国对此的立场是明确的。8 月 10 日，国家主席习近平致电卢卡申科，祝贺他再次当选白俄罗斯共和国总统。习近平指出，"我高度重视中白关系发展，愿同卢卡申科

〔1〕《白俄罗斯代表 54 个国家在联大三委关于涉疆问题的共同发言》，http://un. china-mission. gov. cn/chn/zgylhg/shhrq/liandawanwei1/201910/t20191030_8369426. htm。

〔2〕《白俄罗斯代表 46 国在联合国人权理事会作共同发言支持中国在涉疆问题上的立场》，http://news. cctv. com/2020/07/02/ARTIpqYxqOfFnQpHOwyciTzv200702. shtml。

〔3〕《白俄硬核援助中国：主动派军机拉来医疗物资》，https://m. huanqiu. com/article/9CaKrnKp7az。

〔4〕《白俄罗斯再派一架军机运来援助物资！》，https://m. huanqiu. com/article/9CaKrnKpepX。

〔5〕《中国援助白俄罗斯新冠疫苗运抵明斯克》，新华社明斯克 2021 年 2 月 19 日电。

〔6〕《中国援助白俄罗斯新一批抗疫物资运抵明斯克》，新华社明斯克 2020 年 4 月 17 日电。

总统携手努力，共同推进中白全面战略伙伴关系，开拓两国各领域互利合作新局面，为两国和两国人民创造新福祉。"[1] 8 月 19 日，外交部就白俄罗斯大选后局势作出回应，指出："中国和白俄罗斯既是相互信任、合作共赢的全面战略伙伴，也是全天候伙伴。我们一贯尊重白俄罗斯人民根据本国国情选择的发展道路，及其为维护国家独立、主权、安全和发展所作出的努力。我们注意到，近期，白俄罗斯国内局势出现一些复杂因素。作为好朋友、好伙伴，我们不希望白俄罗斯局势生乱，反对外部势力对白俄罗斯社会制造分裂和动荡，希望并且相信白方能够通过自己的努力，保持政局稳定和社会安宁。"[2]

在经济合作领域，中白工业园成为"一带一路"合作的标志性项目。截至 2020 年年底，工业园共有来自 14 个国家的 68 家企业入驻，协议投资额超过 12 亿美元，行业涉及机械制造、生物医药、新材料、电子通信等。

2022 年 9 月 15 日下午，在乌兹别克斯坦古城撒马尔罕举行上海合作组织成员国领导人会晤期间，习近平主席与卢卡申科总统举行单独会谈。两国元首决定，将双边关系定位提升为全天候全面战略伙伴关系。

习近平指出，中白建交 30 年来，两国关系不断提质升级，全方位合作扎实推进。中白关系定位提升为全天候全面战略伙伴关系，实现了中白关系的历史性跨越。中方愿同白方一道，加大相互政治支持，释放各领域合作潜力，推动中白关系得到更大发展，更好造福两国人民。

习近平强调，在涉及中方核心利益问题上，白方始终给予中方坚定支持，中方对此高度评价。中方坚定支持白方走符合本国国情的发展道路，反对外部势力以任何借口干涉白俄罗斯内政，愿同白方推动落实全球发展倡议和全球安全倡议，维护国际公平正义。中方愿同白方保持密切交往，在投资、经贸等领域开展互利共赢合作，推动中白工业园区朝着绿色、智慧、生态、数字化方向发展。双方要继续举办好"中白地方合作年"活动，开展高校人才联合培养。中方愿继续为白方抗击新冠疫情提供支持和帮助。

---

〔1〕《习近平致电祝贺卢卡申科当选白俄罗斯总统》，新华社北京 2020 年 8 月 10 日电。
〔2〕《外交部发言人赵立坚主持例行记者会》，https://www.mfa.gov.cn/。

卢卡申科表示，对于白俄罗斯等很多国家来说，中国是十分可靠的伙伴。白中关系定位提升为全天候全面战略伙伴关系，完全符合白中关系现状和需要。白方坚定不移深化对华关系，坚定支持中国不断发展壮大，坚定支持中国实现国家统一，坚定支持中方在涉台等核心问题上的立场，将永远肩并肩同中国站在一起，做中国最可靠的朋友。白方愿更多学习借鉴中方成功发展经验，加强两国各领域务实合作。白方支持中方提出的系列重要倡议，希望同中方密切在上海合作组织等多边框架内合作。

会见后，双方发表《中华人民共和国和白俄罗斯共和国关于建立全天候全面战略伙伴关系的联合声明》，并签署关于科技、司法、农业、电子商务等领域合作文件。[1]

二、中白关系发展的主要经验

近 30 年来中白关系发展的主要经验可以归纳为以下三点。

（一）中白两国之间具有良好的政治关系

中白两国高层交往频繁，就像走亲戚一样。习近平主席 2 次到访白俄罗斯，14 次同卢卡申科总统会晤，卢卡申科总统 13 次访华或赴华出席活动。元首外交在发展中白关系中发挥了决定性的引领作用。

中白两国在相互关系中都恪守和平共处五项原则，即互相尊重主权和领土完整、互不侵犯、互不干涉内政、平等互利、和平共处。在国际和地区事务中，中白在很多问题上立场相同或相近，例如在人权、联合国改革、竞选国际组织成员等问题上，两国相互支持，维护共同利益。中国尊重和支持白俄罗斯自己选择的国家发展道路。而白俄罗斯则在中国的核心利益和原则问题上一贯坚定支持中国。无论是台湾问题、涉港问题，还是涉藏和涉疆问题，白俄罗斯政府始终支持中国政府的立场。

白俄罗斯在重大问题上对中国奉行积极的合作政策。例如，2008 年年初

---

〔1〕《习近平会见白俄罗斯总统卢卡申科》，新华社撒马尔罕 2022 年 9 月 15 日电。

达赖集团有组织、有预谋地策划了西藏拉萨的打砸抢烧暴力事件。一些国家竭力抵制当年 8 月在北京举行的奥运会，破坏奥运会的火炬传递活动。而卢卡申科总统坚定支持奥运会如期举行，呼吁不能把奥运会"政治化"。白俄罗斯政府明确支持中国政府在涉藏问题上的立场。自 2008 年以来，白俄罗斯领导人多次表示，鉴于白俄罗斯地理位置和地缘政治地位的重要性，白愿意成为中国与欧洲之间合作的平台。卢卡申科总统强调，白俄罗斯把中国看作世界多极化的重要支点，愿意把中国作为白俄罗斯"远弧外交"（面向亚非拉地区的外交）的支柱。

白俄罗斯是"一带一路"合作的坚定支持者和参与者。除了中白工业园，白俄罗斯境内和波兰交界的布列斯特在中欧班列沿线也发挥着重要作用。

（二）中白在经济贸易领域具有较强的互补性

苏联时期白俄罗斯是苏联的"总装配车间"，工业基础较好，拥有机械、重型车辆制造等产业。其中别拉斯矿用车辆厂、马兹载重车辆厂、明斯克轮式牵引车厂、明斯克拖拉机厂和戈梅利农机制造厂等企业蜚声国内外市场。这些企业通过与中国企业联合，不断研发新技术和新产品，开拓新市场，焕发出新的生机。

为了增加出口，减少贸易逆差，近年来白俄罗斯开始向中国出口牛奶、牛肉等农畜产品。2018 年白俄罗斯向中国出口各类乳制品 18.6 万吨，出口的牛肉、鸡肉、奶制品和淀粉总价值约 1.14 亿美元。白俄罗斯的农产品和奶制品在中国市场受到欢迎。

（三）中白两国人民相互怀有友好感情

30 年来，中白两国人民相互理解，相互支持。两国之间的文化、教育、媒体等人文合作得到长足发展。每年轮流举行的文化年发挥了积极作用。例如，白俄罗斯国家芭蕾舞剧团在北京人民大会堂演出《天鹅湖》，万人礼堂座无虚席。白俄罗斯国家歌舞团在北京音乐厅的演出受到观众的热烈欢迎。

中国在白开设的六所孔子学院和明斯克中国文化中心运转良好，同时中国高校还建立了十几个白俄罗斯文化或研究中心。由赵会荣女士翻译、笔者校对的《白俄罗斯简史》在中国出版。《中国人看白俄罗斯》《中国外交官看白俄罗斯》《我们和你们：中国和白俄罗斯的故事》《白俄罗斯名人传》等图书在中国出版。由阿纳托利·托济克等七位大使撰写的《白俄罗斯驻华大使回忆录》于 2021 年 11 月在北京出版，作为向中白建交 30 周年的献礼。

　　总之，我们要继续努力，坚持发展和总结中白关系的重要经验，并且使之不断创新，把中白友好合作关系的交响曲演奏得更加雄壮、更加美好！

　　（本文原载于《2022 年白俄罗斯国内形势和对外政策研讨会论文集》，当代世界出版社 2023 年 8 月版。）

《白俄罗斯驻华大使回忆录》
好似一部中白关系简史

2022 年 1 月 27 日，壬寅虎年前夕，白俄罗斯驻华大使尤里·先科在使馆举行《白俄罗斯驻华大使回忆录》中文版推介会，高度称赞此书在中国出版发行，并热情推荐从事中白合作和中白关系研究的人"研读这本不可多得的好书"。

《白俄罗斯驻华大使回忆录》是由白俄罗斯前驻华大使、现任白俄罗斯国立大学共和国孔子学院院长、白中友协主席阿纳托利·托济克倡议，为纪念中白建交 25 周年而撰写出版的。临时代办沙利莫以及库兹涅佐夫、鲁萨凯维奇、哈尔拉普、托济克、布里亚、鲁德等 6 位大使，每人将自己在任时的工作和体会撰写一篇文章，结集成书，于 2017 年年初由白俄罗斯"星"出版社出版。该书客观、全面、生动地反映了中白建立外交关系以来两国关系发展的四个阶段，堪称一部中白关系简史。

一、中白关系发展的四个阶段

第一个阶段是自 1992 年 1 月建交到 1995 年 1 月，约 3 年时间。1991 年 12 月白俄罗斯获得独立后，非常希望得到中国的承认和支持。仅仅过了一个月，白俄罗斯部长会议主席（总理）克比奇即率领政府代表团访华，并于 1 月 20 日签署两国建立外交关系的协定。但是独立之初的白俄罗斯主要奉行"优先发展与欧盟、美国关系"的对外政策，与中国的关系不是其重点，所以进展不多。

1994 年 7 月，白俄罗斯国内形势发生变化，亚历山大·卢卡申科当选国家第一任总统。随后，中白关系发展进入第二阶段。库兹涅佐夫大使回忆道，"随着卢卡申科当选白俄罗斯共和国总统，白俄罗斯和中国的关系在性质和发展速度上发生了明显变化"。沙利莫代办写道，1995 年 1 月 17 至 19日，卢卡申科总统对中国进行第一次国事访问，"有力推动了两国关系深入发展并开启双边和国际问题建设性协作新阶段"。在中白关系发展的第二个阶段，两国在重要的国际问题上立场一致或相似，在关乎对方核心利益的问题上相互支持。两国政治合作明显加强。2000 年 7 月和 2001 年 7 月，时任中国国家副主席胡锦涛和国家主席江泽民先后访白，"为新世纪两国关系长期、稳定发展注入了新的活力"。同时，互利合作的经贸关系不断发展。马兹牌汽车、别拉斯自动装卸车、明斯克牌拖拉机等白俄罗斯名牌产品进入中国市场。在三峡大坝工程建设工地上，别拉斯牌自卸车发挥了重要作用。1996 至 1999 年间，白俄罗斯钾肥销售量在中国翻了一番。明斯克轮式牵引车厂和中国航空航天公司建立了三江瓦力特合资企业，联合组装具有高度通行能力的卡车。经过双方努力，两国贸易额从 1992 年的 3400 万美元增加到1995 年的 1 亿多美元，2004 年达到 1.3 亿美元。

2005 年 12 月，卢卡申科总统对中国的国事访问开启了两国关系的第三个阶段 —— "全面发展和战略合作" 的阶段。时任驻华大使哈尔拉普曾是白俄罗斯工业部部长，他担任大使后的主要任务是提高中白双边贸易额和增加白俄罗斯商品出口，加大投资合作。卢卡申科总统访华期间，两国领导人决定未来几年将双边贸易额提升到 15 亿美元，2020 年提升到 20 亿美元。虽然当时不少人怀疑能否实现这些目标，但是 2012 年中白双边贸易额迅速达到 15.8 亿美元，双边关系全面升级。托济克大使认为，在这个阶段，中白两国关系 "从战略合作走向全面战略伙伴"。

2013 年是中白关系具有重要意义的一年，同时开启了中白关系发展的第四个阶段。由于顺利完成 2010 年上海世博会白俄罗斯展馆的组织和建设工作，主管公共事业、建筑、运输、交通的副总理布里亚接替托济克出任白俄罗斯驻华大使。2013 年 7 月，卢卡申科总统再度访华，两国元首签署联合声明，把双边关系提升到 "全面战略伙伴关系"，这标志着中白关系开始进入第四个阶段。2014 年 1 月，时任白俄罗斯总理米亚斯尼科维奇访问中国，双方确认了《中白全面战略合作伙伴发展规划（2014—2018）》。双边关系新的协调机制——由两国副总理担任共同主席的中白政府间合作委员会成立，下设 5 个分委会：经贸合作、科技合作、安全合作、教育合作和文化合作分委会。2015 年 5 月，中国国家主席习近平对白俄罗斯进行正式国事访问，两国签署了《中华人民共和国和白俄罗斯共和国友好合作条约》。访问期间，习近平主席还分别会晤了白俄罗斯总统卢卡申科、时任总理科比亚科夫，视察了中白工业园。习近平指出，中白工业园是双方务实合作的新探索，也是构建丝绸之路经济带的标志性工程。希望双方对接好入园项目，同时规划长远，以中白工业园为中心，打造具有国际竞争力的产业。同年 8 月，卢卡申科总统颁布《关于发展白俄罗斯共和国和中华人民共和国双边关系》的第 5 号令。这是白俄罗斯独立以来就与某个具体国家发展双边关系而颁布的唯一的一个总统令，有力地促进了中白关系，特别是中白工业园的发展。从 2016 年 9 月起中白关系被确定为"相互信任、合作共赢的全面战略伙伴关系""全天候政治关系"和"铁杆朋友"。

二、中白关系发展的重要经验

30 年来，中白关系从无到有，从有到强，并非偶然。其中主要经验有以下四条：

（一）元首外交是两国关系不断发展的关键因素

从《白俄罗斯驻华大使回忆录》一书中可以看出，双边关系的每一次提升都是在领导人互访期间所确定。领导人之间的互访不仅是普通的国事访问，更是对前一阶段两国关系的总结并提出新的任务和目标，引导双边关系向前发展。鲁德大使认为，"如果不是白俄罗斯共和国总统亚历山大·卢卡申科坚定不移地信任中国，真诚地与中国领导人建立个人关系，我们的合作就会在中国与其他大国和地区（例如与俄罗斯和欧盟）双边关系的波浪中漂浮"。

（二）发展政治关系是首要

双边关系的发展以政治为主，政治关系可以促进经贸等其他领域合作发展。中白建交以来，两国按照和平共处五项原则，在关乎对方核心利益的问题上相互支持。在日内瓦举行的联合国人权理事会全体会议上，白俄罗斯多次代表其他数十个共同提案国发言，强调香港、新疆、西藏事务是中国内政，外国不应干涉；支持中国在香港特别行政区实行"一国两制"。此外，白俄罗斯积极参加上海合作组织各项活动，支持共建"一带一路"倡议，努力把中白工业园建设成为"丝绸之路经济带上的明珠"。中国也一贯支持白俄罗斯的独立和主权，反对西方国家干涉白俄罗斯内政，反对美国和欧盟图谋在白进行"颜色革命"，反对美欧对白实施政治和经济制裁。正如库兹涅佐夫大使所指出，"白、中两国在国际组织中富有建设性和日益协调的相互关系是基于两国对外政策原则的相似性。我们两国在一些重大问题上的立场几乎一致"。布里亚大使也写道，白中良好的政治关系是推动经贸发展的重要保障，两国实体经济合作的发展得益于双边关系的"政治保护伞"。

（三）发展经贸合作是基本

对于以出口为主的白俄罗斯经济来说，大部分国内生产总值需要通过商品贸易来实现。从大使们的叙述中可以看出，他们无一例外地都把提升双边贸易额、吸引中方投资和发展经济科技合作作为日常的主要工作。从大力推销自动装卸卡车、轮式牵引车等机械产品到努力销售牛奶、牛肉等农畜产品，从积极参加上海世博会到建设中白工业园，经过历任大使的接力奋斗，中白经贸关系得到长足发展。2021 年 1 至 10 月，中国与白俄罗斯双边货物贸易额达 31.28 亿美元，同比增长 30%，远远超过 2020 年设定的 20 亿美元的目标。中国连续多年保持白俄罗斯第三大贸易伙伴国地位。目前在白俄罗斯登记注册的中资企业增加到 300 多家，投资项目 30 多个。2008 年至 2013 年，中国金融机构共向白提供贷款 140 亿美元，两次提供分别为 10 亿美元的政府优惠贷款。2015 年以来，中国国家开发银行又向白提供 70 亿美元贷款。中国在白投资的美的微波炉、潍柴发动机、成都新筑超级电容等项目，填补了白俄罗斯工业领域的空白。两国在白俄罗斯的老电站改造、铁路电气化改造、公路改扩建、合资汽车厂建造、大型酒店和住宅小区建设、通信技术等基础设施建设合作方面取得了显著成效。尤其是中白"巨石"工业园第一期8.5平方千米基础设施建设业已完工，迄今有十几个国家的80多家企业入驻园区，协议投资额超过11亿美元。

（四）通过人文合作促进民心相通

在白俄罗斯独立之初，中白两国人民之间了解很少。中国人经常把白俄罗斯和俄罗斯搞混，白俄罗斯人也以为中国仍是贫穷落后的国家。托济克大使回忆说："回顾21世纪初，不仅中国人对白俄罗斯的了解不多，白俄罗斯人对中国也知之甚少。这给双边合作造成相当大的困难。"因此，中白两国政府十分重视开展文化、艺术、教育等人文领域的合作，每年都轮流举行"文化年"活动，签署了相互承认高等教育学历和学位的文件。截至2019年5月，中白共签署2份政府间教育合作协议、3份政府部门间合作协议和350多个校际合作协议，每年开展40个名额的政府奖学金交流项目。白俄罗斯开设了6所孔子学院和2个孔子课堂。中国高等院校建立了15家白俄罗斯研究中心，个别院校还设立了白俄罗斯语专业。中国在白俄罗斯的留学生达数千人，占在白外国留学生总数的15%以上。来中国留学的白俄罗斯青年也达近千人。两国分别在北京和明斯克建立了文化中心。互免普通护照人员签证协议于2018年8月10日生效。中国公民持普通护照可免签入境白俄罗斯并停留不超过30天，每年累计停留不超过90天。尤其是在2020年以来抗击新冠疫情的斗争中，中白两国互相支持、互相提供援助物资，体现了真挚的友谊，增强了两国人民的友好感情和长期战略合作的社会民意基础。

三、《白俄罗斯驻华大使回忆录》翻译出版的过程和启示

《白俄罗斯驻华大使回忆录》的撰写和出版得到白俄罗斯政府领导人的积极支持。白政府第一副总理尼古拉·斯诺普科夫和外长弗拉基米尔·马克伊分别为这本书写序，高度赞扬白中关系。斯诺普科夫写道："我相信，这本书对于所有参与推动白中两国关系发展的人而言都是具有重要意义和价值

的。他们会在书中看到自己，感受到自己与历史事件的联系。"马克伊指出："这本书使我们有机会从中'窥探'最近 25 年来白中关系发展的内幕。本书的作者们不仅是'历史的编撰者'，而且是见证历史的关键人物。他们向我们讲述了对白中关系发展的观点、印象和评价。"

《白俄罗斯驻华大使回忆录》俄文版出版后，2017 年 2 月 21 日，托济克大使先生通过白俄罗斯驻华使馆将此书赠予我。我怀着极大的兴趣读了此书，其中外交使节们牢记使命、恪尽职守、为发展白中全面合作而努力工作的精神，以及他们对中国人民的深情厚谊，给我留下非常深刻的印象。2019 年 1 月 11 日，托济克大使应邀来大连理工大学出席"白俄罗斯教育年"开幕式。华东师范大学白俄罗斯研究中心主任贝文力与我向托济克大使提出，希望他把此书中文版权授予我们，争取尽快在中国出版。托济克先生欣然同意。

经过一系列洽谈，南京理工大学、华东师范大学、西安外国语大学和北京第二外国语学院欣然同意资助和支持此书的翻译出版。华东师范大学白俄罗斯研究中心主任贝文力、南京理工大学外国语学院副教授崔传江、西安外国语大学俄语学院副教授余源、北京第二外国语学院俄语系助教褚婧汝分章负责翻译，由我担任译校。他们对翻译认真负责、精益求精，尽量做到"信、达、雅"。当代世界出版社高度重视这本书的编辑出版，指定三位责任心强、文笔好、经验丰富的编辑作此书的责任编辑。没有她们精雕细刻、精心推敲，就没有这本书现在的质量和美貌。

为庆祝中白建交 30 周年，2021 年 12 月 22 日，中国人民大学-圣彼得堡国立大学俄罗斯研究中心举行《白俄罗斯驻华大使回忆录》中文版首发式。中国前驻白俄罗斯大使鲁桂成，中白工业园中方首任首席执行官胡政、中国人民大学国家发展与战略研究院负责人林晨等出席。2022 年 1 月 28 日，白俄罗斯驻华大使尤里·先科在使馆举行此书推介会，他"希望这本书能带给读者许多新鲜有趣的讲述"，有助于促进两国关系深化。托济克大使在明斯克通过视频参加会议并发言。他向此书的译者、赞助者和出版社表示深切感谢，并"希望我们的书能帮助读者们更好地了解白俄罗斯，了解白中关系的发展"。

托济克大使简要回顾了近十年来白中两国撰写和出版介绍两国国情、友好交往与合作图书的情况，并指出，白中之间出版介绍对方国家和双边关系的图书，有助于促进两国人民的相互了解和相互理解，是双边文化合作的重要形式之一，应该继续做下去。

作为上述图书交流的中方编撰出版组织者之一，我非常赞同托济克大使的评价，认为中白两国之间著作编撰出版的形式十分有效，很有必要。十多年来，我们在这方面取得了一定成绩，也积累了一些经验，但是中白两国人民之间相知较少、信息交流不够畅通的问题依然存在，这不利于两国全面战略伙伴关系的巩固与发展。因此，我们要挖掘潜力，进一步加强中白两国文学著作的编撰、翻译和出版，使其在促进两国民心相通、加强社会民意友好基础方面发挥更大的作用。

（本文原题《一本书，一部中白关系简史》，载于《人民画报》，2022年第4期，收录于本书时内容有所增加。）

俄白关系三十年

1991 年 12 月白俄罗斯获得独立以来，与俄罗斯发展全面战略关系，成立了联盟国家。2020 年联盟国家开始深度合作，而且在 2022 年 2 月以来俄罗斯对乌克兰进行"特别军事行动"中得到充分体现和巩固。

白俄罗斯独立 30 年来，与俄罗斯的关系经历了两个时期——短暂的舒什凯维奇执政时期和已经长达 28 年的卢卡申科执政时期。卢卡申科总统基本上奉行与俄罗斯结盟方针，1999 年 12 月俄白宣告建立联盟国家。这符合俄白两国的历史传统关系和两国人民的根本愿望。在可预见的未来，俄罗斯与西方以及白俄罗斯与西方的关系都难以转圜，而俄白联盟则将更加密切、更加牢固。

一、卢卡申科执政前半期的俄白关系

(一) 白俄罗斯独立初期的对外政策

1991 年 12 月至 1994 年 6 月，在白俄罗斯独立初期，在东欧和独联体地区自由化盛行的背景下，白俄罗斯自由民主派领导人斯坦尼斯拉夫·舒什凯维奇领导的白俄罗斯宣布"奉行中立、不参加任何军事集团、在白俄罗斯领土上建立无核区的方针"。[1] 当时不少白俄罗斯知识分子和政治精英认为，俄罗斯不是纯粹的欧洲国家，而白俄罗斯才是真正的欧洲国家，所以白俄罗斯的长远发展战略不应与俄罗斯捆绑在一起，而应与欧盟一体化。

新独立的白俄罗斯在外交上的主要政策是：①与世界各国广泛建立联

---

〔1〕 农雪梅、李允华：《白俄罗斯》，北京：社会科学文献出版社，2021 年 1 月第 2 版，第 239 页。

系，积极谋求参加各种国际组织和国际合作；②在"平等互利"基础上，积极发展与俄罗斯、乌克兰、摩尔多瓦、中亚五国、南高加索三国等独联体国家的关系，既不走与俄罗斯联合和一体化的道路，又拒绝参加俄罗斯在独联体中倡导的集体安全体系；③大力发展与西方国家的关系，西方国家、特别是欧美国家是白俄罗斯外交优先考虑的重点。白俄罗斯国家领导人同美国、德国、英国、意大利等西方国家频频往来，以便"在政治上获取西方国家的支持，在经济上谋求本国所需的资金和技术"。1994年1月，美国总统克林顿访问明斯克，虽然只停留了不到一天时间，却签署了鼓励和保护投资协定。白俄罗斯宣布参加美国倡导的北约"和平伙伴关系计划"。

然而，这一主观理想主义的"中立"外交在实践中很难行得通。首先，西方对白的经济援助，就像其对俄罗斯的承诺一样，既是"杯水车薪"，又"口惠而实不至"。由于白俄罗斯政府没有完全满足西方的政治条件，欧美所谓的"援助"也就是一张空头支票而已。政治动荡和生产链的破坏给白俄罗斯经济造成严重影响。1991年至1994年，白俄罗斯国内生产总值分别下降1.2%、5.3%、7.6%和12.6%，[1]经济危机逐年加深，1991年有财政盈余15亿卢布，到1994年财政赤字已占国内生产总值的3.4%。物价飞涨，通胀严重，通胀率由1991年的83.5%飙升到1994年的2059%。人民的生活水平急剧下降，民众不满情绪与日俱增。经济上的"休克疗法"遇挫、人民生活的赤贫化，使白俄罗斯大多数政治精英和民众逐渐认识到，白俄罗斯在能源、市场、外贸、生产等领域必须主要依赖俄罗斯，与俄罗斯紧密合作才是正确选择。

1994年1月26日，白俄罗斯最高苏维埃主席团主席舒什凯维奇因"滥用职权私建别墅"而遭弹劾。7月，白俄罗斯举行首次总统选举。在"休克疗法"和亲西方政策失败的背景下，总统竞选的主要候选人、前政府总理凯比奇落败，以"反腐斗士"著称的最高苏维埃成员亚历山大·卢卡申科在白俄罗斯大多数选民的期盼下，以80.1%的得票率高票当选总统。

---

〔1〕 农雪梅、李允华：《白俄罗斯》，北京：社会科学文献出版社，2021年1月第2版，第82页。

（二）向俄罗斯"一边倒"（1995—2005 年）

卢卡申科担任总统后，根据北约东扩对白俄罗斯造成威胁、国内经济濒临崩溃边缘的实际情况，首先改变了对俄政策，积极与俄罗斯结盟，支持独联体一体化方针。在短短 5 年多时间里，白俄罗斯就完成了与俄罗斯睦邻友好、结盟直至建立联盟国家的进程。1995 年 1 月 6 日，白俄罗斯与俄罗斯签署关税同盟协议；2 月两国签署《睦邻友好与合作条约》；1996 年 4 月 2 日，成立"俄白共同体"；1997 年 4 月 2 日，签订《俄白联盟条约》；1999 年 12 月 8 日，签署建立俄白联盟国家条约。把这几年直线上升的俄白关系比喻为双方的"蜜月期"，似不为过，其主要特点是：

1. 军事和安全领域互为依靠

苏联解体后不久，美国即倡导建立北约"和平伙伴关系计划"，并于 1994 年 1 月在北约布鲁塞尔首脑会议上获得通过。这是北约成立 45 年以来首次向东扩展的举措。除俄罗斯和当时陷于内战的塔吉克斯坦外，该地区其他 13 个新独立的国家都参加了这个计划。中东欧国家和波罗的海三国相继敲响北约大门，申请入约。"司马昭之心路人皆知"，这一东扩计划剑指俄罗斯，自然遭到俄罗斯的坚决反对。

卢卡申科担任总统后，俄白首先开始在军事和安全领域加强合作。白俄罗斯处于俄罗斯的战略利益区，而俄罗斯也处于白俄罗斯的战略利益区。俄罗斯承诺保障白俄罗斯领土不受侵犯，白俄罗斯则保障俄罗斯拥有西部的战略纵深。1993 年年底，白俄罗斯签署了俄罗斯主导的《独联体集体安全条约》，2002 年 5 月，进而签署了"集体安全条约组织协议"，成为抵御北约东扩的俄罗斯"西大门"。此后 10 余年俄白之间共签署 40 多个双边军事和军技合作条约，军事合作程度在独联体国家中是最为密切的。俄罗斯在白俄罗斯实际享用若干个军事设施。位于布列斯特州甘采维奇市的无线电技术中心属于俄罗斯导弹进攻预警系统，在明斯克州韦列伊卡市则有一个为俄罗斯海军服务的通讯站。俄罗斯对白有不少国防订货，特别是用于运载"亚尔斯"洲际导弹等 60 种武器装备的轮式牵引车和光学电子瞄准系统。两国军事技术合作十分密切。

1994 年,白俄罗斯、乌克兰与俄罗斯、美国、英国签署了《布达佩斯备忘录》。根据这份文件,乌、白加入《不扩散核武器条约》并消除自己领土上的核武器,而俄、美、英将保障白俄罗斯和乌克兰的国家安全。白俄罗斯把部署在本土的核导弹运往俄罗斯,由俄罗斯处置。俄罗斯不仅成为白俄罗斯的实际核保护伞,而且在常规武器方面提供帮助,例如提供多功能歼击机和先进的导弹防空系统。两国经常举行联合军事演习。

2. 经济贸易合作如胶似漆

俄白是独联体国家中经济关系最密切的一对。白俄罗斯在经济上高度依赖俄罗斯,95%以上的能源、75%的原材料来自俄罗斯。俄罗斯提供白俄罗斯的能源加工及其制品生产占白俄罗斯国内生产总值的三分之一,出口的二分之一。白俄罗斯国民生产总值在很大程度上需要通过外贸实现,其中与俄罗斯贸易占白俄罗斯外贸的半壁江山。俄罗斯每年向白廉价提供 2000 多万吨原油和 200 多亿立方米天然气,不仅满足白俄罗斯的自身需要,而且使其炼油厂加工后向欧盟国家出口赚取外汇。与俄罗斯的生产协作占白俄罗斯国内生产总值的 50%以上,而拒绝与俄合作将使白俄罗斯国内生产总值下降25%。据俄罗斯方面的统计资料,最近 10 年白俄罗斯从俄获得优惠价格的石油,使白俄罗斯获利约 500 亿美元;从俄罗斯获得比欧洲市场便宜得多的天然气,使白俄罗斯获利 200 亿美元。两者相加,多达 700 亿美元。

在劳务合作领域,每年有 20 万至 45 万白俄罗斯公民在俄罗斯就业,其收入为 6.9 亿美元,占白俄罗斯国内生产总值的 1.1%。[1]

3. 对外政策保持一致

白俄罗斯对外政策与俄罗斯基本一致:反对美国霸权主义,抵御北约东扩,反对西方的"颜色革命",发展独联体特别是集体安全条约组织,推进欧亚地区经济一体化。白俄罗斯首都明斯克是独联体总部所在地,除军事合作机构外,经济、社会、人文等近百个独联体合作委员会都位于基洛夫大街的一栋大楼里。进入 21 世纪后,随着格鲁吉亚"天鹅绒革命"和乌克兰

---

[1] Институт Европы Российской Академии Наук, аналистический доклад: Российско - белорусское сотрудничество, institutofeurope. rus/publications/monografli/item.

"橙色革命"得逞，白俄罗斯被美国称为"欧洲最后一个专制国家"，卢卡申科总统被称为"欧洲最后一位专制者"。美欧资助白俄罗斯的"非政府组织"，培植亲西方势力，挑拨俄白关系。在 2006 年 3 月白俄罗斯总统大选期间，正是在俄罗斯支持下，卢卡申科政府粉碎了西方的"颜色革命"图谋，白俄罗斯也因此保障了自己的安全、稳定与发展。

（三）历史融合源远流长

白俄罗斯与俄罗斯具有如此紧密的关系并非偶然。只要简略回顾它们之间的历史渊源和宗教、文化、语言等联系，就可明白一二。

早在基辅罗斯公国（公元 882—1240 年）时期，白俄罗斯的一部分土地，包括波洛茨克公国，就被基辅罗斯大公所统治。14 至 15 世纪，白俄罗斯这片土地归属立陶宛大公国。1569 至 1795 年，又属于立陶宛-波兰联合王国。波兰被瓜分后，1772 至 1917 年，白俄罗斯受俄国统治 145 年。白俄罗斯位于东西方之间，战略地位极其重要。1812 年 6 月，拿破仑率领 60 万大军进攻莫斯科，就是经由白俄罗斯长驱直入。

1918 年 3 月 25 日，依照《布列斯特和约》，在德国扶持下，白俄罗斯宣布独立，并成立亲德的白俄罗斯人民共和国，国旗是红白红三色。但是这个傀儡共和国存了不到 9 个月，在德军撤离后的 1919 年 1 月 5 日即被苏联红军推翻。1922 年 12 月 3 日，白俄罗斯苏维埃社会主义共和国作为创始国之一加入苏联。

1939 年 9 月，趁着德国侵略波兰，苏联红军迅速出兵，重新占领了格罗德诺和布列斯特，并把它们划归白俄罗斯加盟共和国。1941 年，德国军队进攻苏联，占领白俄罗斯全境。白俄罗斯人民经过艰苦卓绝的游击战，终于在 1944 年 7 月，配合苏联红军反攻，收复了包括格罗德诺和布列斯特在内的白俄罗斯全境。

苏联卫国战争结束后，白俄罗斯加盟共和国开始恢复经济和进行社会主义建设，在 40 多年里取得了显著的成就，从一个以农业为主的经济体发展成为以机器装配和电子工业为主的经济体，综合经济实力在苏联 15 个加盟共和国中名列第三位，仅次于俄罗斯联邦共和国和乌克兰加盟共和国。如果没有苏联政府的大量投资和支持，白俄罗斯不可能取得如此惊人和巨大的成就。

俄白在宗教、文化、语言上的联系也很紧密。1772 年，白俄罗斯并入沙俄后，东正教成为国教，俄语成为官方语言。人民的宗教信仰、风俗习惯、文化艺术、教育等方面逐渐趋同。与对待其他加盟共和国一样，苏联时期曾强制推广俄语，而压制白俄罗斯语和文化的发展。直到 1985 年戈尔巴乔夫改革开始后，白俄罗斯国内才大力恢复和发展白俄罗斯语言文化，将其作为争取民族独立的重要一部分。

白俄罗斯独立以来，白俄罗斯语和俄语并列为国语，而在实际工作和生活中，俄语的应用程度远远超过白俄罗斯语。这在独联体国家中是独一无二的。在报刊和电视上，文化艺术的内容一般用白俄罗斯语报道。一小部分学校用白俄罗斯语教授课程，大多数学校仍以俄语为主。卢卡申科总统认为，俄语不仅属于俄罗斯人民，而且也属于白俄罗斯人民。在漫长的历史岁月中，白俄罗斯人民也为俄语发展作出了自己的贡献，所以白俄罗斯把俄语作为国语，是天经地义的。应该说，卢卡申科总统的这一决定是十分正确的，像白俄罗斯这样的新独立国家，人口不到 1000 万。如果不是利用俄语，只靠白俄罗斯语的话，难以与世界其他国家联系、接近与融合。

除历史渊源外，白俄罗斯独立后的现实形势也决定了它必须与俄罗斯结成紧密的联盟。其中最重要的决定性因素是国家安全。从地理上说，白俄罗斯是平原国家，一马平川对发展农业是有利条件，但对军事防御却是不利因素。白俄罗斯人口不足千万，军力薄弱。东欧剧变、苏联解体后，随着东欧和波罗的海三国加入北约和欧盟，白俄罗斯西部和北部被北约和欧盟所包围，在强大的北约东扩面前根本无力自保，只有东部的俄罗斯才是白俄罗斯保障国家安全的最重要的依靠。

经济安全是第二个重要因素。白俄罗斯是各种资源都比较贫乏的国家，除钾肥和泥炭外，能源资源非常缺乏。卢卡申科担任总统后，停止了大规模私有化进程，避免了像俄罗斯那样出现一批金融寡头、两极分化的现象，在很大程度上保留了苏联时期的国有经济和计划经济，私有化步子迈得小，市场经济成分不大。国有所有制份额占国内生产总值的 70% 左右，国有经济收入占全国财政收入的 76%，约 55% 的人口在国企工作。这与西方国家的市场经济格格不入。邻国中也只有俄罗斯能够理解和接受白俄罗斯的经济制度。在能源和市场方面，白俄罗斯最大的依靠就是俄罗斯，因为欧盟自顾不暇，其三分之一的石油和 40% 的天然气都来自俄罗斯。欧盟的农产品需要大量出口，对白俄罗斯农畜产品毫无兴趣。而与俄罗斯结盟不仅可以解决白俄罗斯的能源问题，而且为白俄罗斯的农畜产品提供了一个广阔的出口市场。这"一进一出"解决了白俄罗斯的经济难题，造就了卢卡申科执政头 10 年的经济快速恢复和增长。1996 年，白俄罗斯国内生产总值增长 28%，1997 年，增长 11.4%。2000 年恢复到 1990 年苏联时期的工业生产水平。2003 至 2008 年，经济年平均增长 9.4%。2010 年 12 月，职工人均月工资达到近 500 美元，在独联体各国中处于靠前的位置，以至于白俄罗斯领导人自称建立了"白俄罗斯发展模式"。

这亮丽的成绩证明，与俄罗斯结盟、建立联盟国家的方针政策是正确的，符合俄白两国的根本利益和实际需求，得到这两个"东斯拉夫国家"大多数人民的支持。

二、卢卡申科两次调整对外政策（2006 年—2020 年 8 月）

但是"一边倒"的政策也有其弱点和不足，如果支配的一方对另一方施加压力和控制，被支配的一方就可能出现逆反心理，寻求其他出路。早在 2002 年普京就建议俄白建立统一的联邦制国家，白俄罗斯 6 个州和明斯克市作为单独的联邦主体加入俄罗斯，或者按照欧盟模式建立俄白联盟国家。卢卡申科总统拒绝了这个建议，坚持联盟国家不能使白俄罗斯丧失国家主权。卢卡申科还拒绝了原定于 2006 年举行的关于把俄罗斯卢布定为联盟国家统一货币的全民公决。他认为，一旦货币发行权掌握在俄罗斯手中，白俄罗斯就会失去独立的金融和财政权利。俄罗斯对俄白联盟国家建设停滞不前感到不满。2007 年，由于自身经济状况不佳以及对白俄罗斯某些政策不满，俄罗斯提出"亲兄弟,明算账"的原则,提高了对白提供天然气的价格并减少所供给的石油数量。

2007年以前,俄罗斯每年向白俄罗斯出口200多亿立方米天然气,同时通过白俄罗斯领土向欧盟国家出口约440亿立方米天然气。白俄罗斯是独联体地区唯一一个以低价从俄进口天然气的国家。2006年,白俄罗斯以每千立方米46.68美元的价格从俄罗斯进口天然气。俄方建议2007年提高到105美元,但白方表示无法接受这一价格,谈判陷入僵局。

俄罗斯和白俄罗斯在天然气价格问题上谈不拢,导致两国之间于2004年年底、2007年年末和2010年6月爆发三次"天然气危机"——俄方暂时停止供气,白方关闭俄罗斯的过境石油管道。俄罗斯还以白俄罗斯的奶制品和肉类产品"不符合卫生检疫标准"为由,禁止或减少进口,试图以此压服明斯克。但是与大多数白俄罗斯人性格温和、有很强的忍耐力不同,卢卡申科总统具有一股"压而不服"的劲头,认为俄罗斯向白施压不符合战略伙伴精神。

鉴于俄罗斯不断减少对白援助和投资,给白经济造成困难,卢卡申科决定与欧盟、美国改善关系。从2006年下半年开始,白俄罗斯就与欧盟及其成员国加强互访与合作。欧盟的高官,甚至北约组织领导人接连访问白俄罗斯。卢卡申科在他的母校——莫吉廖夫师范大学发表演讲说,"白俄罗斯应该用两只翅膀飞翔,这总比用一只翅膀飞要好"("两只翅膀"是指俄罗斯和欧盟)。2009年4月,他在国情咨文中指出,白俄罗斯应奉行东西方平衡的对外政策,其对外政策的基本原则是"全方位外交"。

白俄罗斯对外政策调整的标志性事件之一,是积极参加欧盟的"东部伙伴关系"计划。欧盟这一计划显然是针对俄罗斯,但是白俄罗斯为了改善与欧盟的关系,扩大与欧盟的贸易并吸引投资,仍然决定参加该计划。2009年5月7日,欧盟27个成员国与乌克兰、格鲁吉亚、摩尔多瓦、亚美尼亚、阿塞拜疆、白俄罗斯等6个国家首脑或代表出席在捷克首都布拉格举行的会议,启动旨在加强合作的"东部伙伴关系"计划。白俄罗斯第一副总理谢马什科和外长马丁诺夫出席,其重视程度可见一斑。而俄罗斯对于欧盟的这个计划，或许是不够重视，或许是无力阻止，看之任之，终于导致 2013 年 11 月在欧盟与"东部伙伴关系"成员国峰会上乌克兰签署成为欧盟"联系国"的协议，进而演变成一场严重的政治危机。

在白俄罗斯方面，尽管俄罗斯多次要求白俄罗斯承认阿布哈兹、南奥塞梯独立，但因为白俄罗斯与格鲁吉亚具有良好的国家关系，一旦承认这两个自治共和国独立，白俄罗斯与格鲁吉亚的关系势必受到严重影响。

卢卡申科总统对俄采取这一立场，有其深刻原因。首先，卢卡申科明白，白俄罗斯对外政策调整并不意味着它要离开俄罗斯投靠西方，而只是要提高与俄罗斯讨价还价的筹码，俄白关系不会因此伤筋动骨；其次，卢卡申科认为，欧盟和美国在围堵白俄罗斯的同时，也具有拉拢和离间俄白关系的需要，白俄罗斯可以加以利用。

从俄罗斯方面来说，对于白俄罗斯这个最忠实于俄罗斯的"小兄弟"，本该算政治账，算大账，而不是在经济上锱铢必较。因天然气价格谈判未果而在新年前夕对白俄罗斯"关闸断气"，确实伤害了白俄罗斯人民的感情。

不合理的事情总归是不能长久。卢卡申科的这一平衡政策持续时间不长，就暴露了其脆弱性。2010 年 12 月 19 日，白俄罗斯总统选举日当晚，反对派不承认选举计票结果，组织示威游行并冲击政府大厦，遭到武警镇压，反对派领导人被逮捕，而且很快被判处徒刑。欧盟和美国政府立即翻脸，宣布对白俄罗斯实行政治和经济制裁。明斯克与欧美改善关系的尝试顿时化为泡影。在此背景下，俄白两国领导人握手言和，把有些矛盾和分歧搁置起来，朝着建立欧亚经济联盟的方向携手向前。

白俄罗斯对外政策的第二次调整是 2014 年年初乌克兰危机爆发后。克里米亚宣布独立并加入俄罗斯联邦，乌克兰东部发生内战。作为"东斯拉夫三兄弟"之一的白俄罗斯回避对克里米亚并入俄罗斯作明确表态，提议乌克兰、俄罗斯、欧洲安全与合作组织三方在明斯克举行谈判。这一倡议得到三方响应，经过艰难谈判，2014 年 9 月，乌克兰政府同乌克兰东部民间武装代表达成停火协议，建立 30 千米宽的缓冲区。然而，冲突双方缺乏互信，停火协议未能落实。2015 年 2 月，德国、俄罗斯、法国、乌克兰四国领导人在明斯克继续会谈，签署了关于处理乌克兰危机的协议，使乌克兰危机暂时得以缓解。

对于白俄罗斯在乌克兰危机中采取的积极立场，欧盟投桃报李。2016 年 2 月 15 日，欧盟成员国外长会议决定，"解除对卢卡申科等 170 名白俄罗斯人在欧盟的资产冻结和出入欧盟禁令，终止对 3 家白俄罗斯公司的经济制裁"。欧盟表示，鉴于近两年白俄罗斯积极参与欧盟"东部伙伴关系"框架下的活动，双方关系得以改善，欧盟对进一步发展双边关系持开放态度。[1] 白俄罗斯还获得国际货币基金组织提供的 30 亿美元贷款。

白俄罗斯与美国的关系也开始缓和。2018 年 10 月，美国主管欧洲和欧亚事务的助理国务卿米切尔访问明斯克。2019 年 8 月，美国国家安全顾问约翰·博尔顿访问明斯克。卢卡申科会见博尔顿时，建议两国恢复大使级关系，因为 2008 年美国撤回驻白大使后，两国一直没有互派大使。博尔顿前脚刚走，9 月间，美国主管政治事务的副国务卿黑尔就接踵访白，落实美国大使返回明斯克事宜。美国的意图十分明显，在乌克兰倒向西方阵营后，在独联体的欧洲部分，俄罗斯只剩下白俄罗斯一个最重要的盟友。如果在俄白之间打入楔子，必将使俄罗斯陷入更加孤立的境地。

在与欧美缓和关系的同时，白俄罗斯与俄罗斯围绕军事基地和能源的争吵愈演愈烈。在军事方面，俄白联盟国家一直未能制定统一的军事战略和军事学说。2015 年 9 月，普京总统指示俄罗斯外交部和国防部与白俄罗斯方面谈判，希望在博布鲁伊斯克或其他合适的地方建立俄罗斯空军基地。然而白俄罗斯婉言谢绝。卢卡申科总统表示，鉴于俄罗斯军机可以在布列斯特州的巴拉诺维奇空军基地自由起降，在白俄罗斯建立新的俄罗斯军事基地完全没有必要。

为了向白俄罗斯施加压力，从 2019 年 1 月起，俄罗斯逐步取消对白俄罗斯的石油免税出口，开始征收关税。这使白俄罗斯在 3 年内损失近 45 亿美元。白俄罗斯对此表示不满，认为既然俄罗斯、白俄罗斯、哈萨克斯坦已

---

〔1〕《欧盟解除对白俄罗斯部分制裁》，新华社布鲁塞尔 2016 年 2 月 15 日电。

于 2014 年 5 月签署成立欧亚经济联盟协议，就应在经济联盟内部实行统一的能源价格，而不应向白再征收石油出口关税。白俄罗斯政府敦促俄罗斯改变决定或者作出经济补偿。

2019 年 11 月，在《俄罗斯和白俄罗斯建立联盟国家条约》20 周年前夕，为了推动联盟国家发展，俄白两国总理就联盟国家经济一体化路线图会谈近 7 个小时，就 31 个项目中的 20 个达成共识，但仍有三分之一未能达成一致。此后，普京和卢卡申科在索契又晤谈 5 个半小时，仍然未果。双方在石油价格、过境关税和补偿问题上未能达成共识，因此，俄罗斯从 2020 年 1 月 1 日起再次切断对白俄罗斯炼油厂的石油供应。这使俄白关系雪上加霜。

在此背景下，2020 年 2 月 1 日，美国国务卿蓬佩奥抵达明斯克，这是美国国务卿时隔 26 年后再访明斯克。双方决定在中断 12 年后恢复互派大使。针对俄白能源分歧，蓬佩奥称，美国能源企业愿以市场价提供白俄罗斯所需的全部能源。

从表面上看，白俄罗斯和美国的关系有了新的转机。但是白俄罗斯与美国、欧盟的关系从本质上来说是不平等、不和谐，甚至是对立的。美国视白俄罗斯为"欧洲的最后一个专制堡垒"的看法根深蒂固。美国利用白俄罗斯希望改善与西方关系以吸引投资、同俄罗斯讨价还价的心态，由美国情报机关以及美国国家民主基金会、索罗斯基金会等所谓的"非政府组织"出面，通过赞助白俄罗斯政治反对派、建立各种非政府组织、举行示威抗议活动等方式，策动"颜色革命"的企图始终没有放松。白俄罗斯与欧盟的关系也依旧脆弱。虽然白俄罗斯反复声明要与欧盟发展关系，但是欧盟将白俄罗斯的政治制度、经济体制和意识形态都视为"另类"，非要改变其颜色不可。2006 年，美国国会通过一项法案，延长《白俄罗斯民主法案》有效期，规定 2 年内拨款 5500 万美元资助白俄罗斯反对派，推进白俄罗斯民主进程，强化对卢卡申科当局的制裁。从 2006 年以来，每逢白俄罗斯总统选举必有较大规模的抗议活动。白俄罗斯政治反对派按照美欧的剧本，企图推翻卢卡申科政权。2006 年 3 月总统选举后，反对派举行大规模示威游行和抗议集会，效仿乌克兰"广场革命"，在明斯克"十月革命"广场安营扎寨，要挟当局取消大选结果。2010年12月总统选举日当晚，反对派纠集大批对当局不满者，在市中心游行示威，并冲击政府大厦。2020年8月9日的总统选举也不例外。白俄罗斯中央选举委员会宣布卢卡申科以80.08%的得票率第6次当选总统后，反对派指责当局"舞弊"，举行大规模示威游行，要求重新计算选票或者重新举行总统选举，实际上是要卢卡申科总统下台。

反对派的抗议活动得到美国和欧盟支持。据俄罗斯对外情报局局长纳雷什金透露，"示威活动从一开始就组织得很好，并从国外进行了协调。值得注意的是，早在选举之前，西方就已经为抗议活动做好了准备。美国在2019年和2020年年初向白俄罗斯各种非政府组织提供了约2000万美元，用于举行反政府示威活动"。

对于2020年8月9日开始的白俄罗斯政治动乱，美国国务卿蓬佩奥发表声明称，"美国对在白俄罗斯举行的总统选举深感关切，选举是不自由且不公正的"。欧盟成员国领导人表示"不承认选举结果"。欧洲理事会主席米歇尔称，白俄罗斯当局对和平示威者不当使用武力，其行为不可接受，必须立即无条件释放非法被拘人员，保护非政府组织和反对派人士的人身安全，对所有滥用武力的指控进行全面和透明的调查。总统大选后逃到立陶宛首都维尔纽斯的反对派领导人季哈诺夫斯卡娅宣布成立以她为首的"国家协调委员会"，为尽快举行新的总统选举作准备。她游走欧盟列国，受到欧洲议会主席萨索利、德国总理默克尔、法国总统马克龙等欧盟国家领导人的接见。

至此，白俄罗斯尝试在俄欧之间搞平衡的做法完全落败。事实证明，西方国家对白俄罗斯的国家制度、政治和经济体制、战略选择和意识形态都持否定立场。西方对白俄罗斯所谓的"缓和"与改善关系，不过是引诱明斯克的权宜之计，是离间俄白关系的策略而已。西方需要的是白俄罗斯像乌克兰一样，疏俄甚至离俄亲欧，彻底孤立俄罗斯。而俄罗斯才是白俄罗斯真正的"兄弟加盟友"。白俄罗斯在东西方之间只能选择俄罗斯。

三、加快推进联盟国家建设及俄白关系前瞻

（一）联盟国家建设加快

2020 年 8 月，白俄罗斯大选后，普京总统电贺卢卡申科当选，希望白方继续推动俄白两国在各领域互利关系的发展，深化联盟国家框架内合作，加强双方在欧亚经济联盟与独联体框架内一体化进程，强化两国在集体安全条约组织内的政治和军事关系。贺电说："这无疑符合俄白两国兄弟人民的根本利益。"针对北约加强对白俄罗斯威胁的行动，俄罗斯反复警告，不要试图干涉白俄罗斯内政，否则俄罗斯将履行其盟国的义务。俄白联合举行军事演习，表示已对北约的威慑做好准备。

在卢卡申科面临执政 26 年来遇到的最严重的一次政治危机之际，普京从政治、经济、军事、外交等各个方面全力支持自己的老友，竭力避免让白俄罗斯成为第二个乌克兰。待明斯克形势稍有缓和，卢卡申科总统就赴索契访问，与普京举行了近 4 小时的"一对一"会晤，讨论俄白双边合作、联盟关系以及共同应对新挑战等议题。普京支持卢卡申科此前提出的关于白俄罗斯国家宪法改革的建议，重申"宪改"是白俄罗斯内政，包括俄罗斯在内的其他国家都不应加以干涉。为了帮助白俄罗斯克服经济困难，普京宣布俄罗斯向白提供 15 亿美元贷款，由两国财政部部长负责安排。

在俄罗斯帮助下，白俄罗斯顶住了来自西方的压力，逐渐稳定了国内局势。尽管受到美欧经济制裁和新冠疫情的影响，2020 年白俄罗斯经济仅下降 0.9%，2021 年增长 1.8%。2021 年 1 月至 9 月，俄白贸易额同比增长近 40%。俄罗斯投资建设的白俄罗斯核电站一号机组投产，对发展白俄罗斯的电力工业、向邻国出口电力创造了条件。虽然欧洲天然气市场价格飙升到每千立方米 700 美元，白俄罗斯从俄获得的天然气依旧保持每千立方米 128.5 美元的水平，这使白俄罗斯当年节省 30 亿至 40 亿美元。而且普京向卢卡申科承诺，2022 年白俄罗斯购买俄罗斯天然气的价格不变。

2021 年 2 月 11 日至 12 日，白俄罗斯举行第六届全白人民大会，2700 名代表聚集一堂，讨论今后 5 年白俄罗斯经济社会发展规划。卢卡申科发表主

旨报告，称目前白俄罗斯正经历国家和民族生活的关键转折期。对于已经产生的各类矛盾，必须找到解决办法。应该提高国家管理效率、确保国家和社会的有效沟通、为个人发挥潜能创造条件并保证经济高质量增长。在对外关系上，白俄罗斯愿意在平等、相互尊重和不干涉内政基础上与所有国家发展关系。俄罗斯仍是白俄罗斯的主要战略盟友。白方主张加强经济一体化，与俄方在平等基础上加强联盟国家建设。

2021 年是俄白联盟国家建设取得长足进展的一年。在军事领域，面对北约国家对白俄罗斯的威胁，俄白加强了军事一体化。9 月，俄白举行了"西部-2021"军事演习。这次演习对北约是一个重要威慑。10 月 20 日，两国签署协议，将俄罗斯在白俄罗斯境内巴拉诺维奇和维列伊卡的两个军事基地的使用期延长 25 年。白俄罗斯外长马克伊称，"若北约行动升级，我们将提议俄罗斯在白俄罗斯境内部署核武器"。这是白俄罗斯和俄罗斯联手对付北约在东欧国家部署反导系统的计划，也是白俄罗斯独立 30 年来首次表示将恢复有核地位。在俄白两国整个经济和常规军事力量与欧盟和北约的差距拉大的情况下，联盟国家特别强调核武器，反映了其军事战略和军事学说的重要变化。

2021 年俄白两国总统举行了 6 次线上或线下会晤。其中最令人瞩目的是 11 月 4 日，普京在线参加了俄白联盟国家最高国务委员会会议，和卢卡申科一起批准了《2021 至 2023 年间落实组建联盟国家条约条款的主要方向》和 28 个行业项目，包括涉及 28 个领域的联盟计划、更新的军事学说，以及俄白联盟移民政策。这些计划几乎涉及俄白所有主要领域（工业、金融、能源、农业、运输）的深度融合，为发展共同经济空间创建了机制和条件。根据联盟计划，两国需要在 2023 年 12 月 1 日前签署文件，建立统一的天然气市场、石油及石油产品市场和电力市场。毫无疑问，这一揽子文件的签署是俄白联盟国家建设蹒跚近 20 年后取得的重大进展，对加快联盟国家一体化建设具有标志性意义。

（二）加快联盟国家建设的主要原因

不言而喻，在美欧对俄、白实行严厉经济制裁的情况下，俄白必须抱团取暖。对于白俄罗斯来说,这几乎是生存和发展的唯一途径。面对美国和欧盟制裁,俄白扩大双边合作能够减少白俄罗斯的经济损失,白俄罗斯既能获得俄罗斯的财政信贷,又能增加对俄出口,一举两得。由于立陶宛制裁,白俄罗斯的石油产品和钾肥将由过去从克莱佩达港出口,改从俄罗斯波罗的海港出口,将来也可能通过北方航道运输。除与俄罗斯合作外,白俄罗斯将继续与俄罗斯主导的欧亚经济联盟开展合作。该组织自 2015 年 1 月正式成立以来,已经发展为具有 5 个成员国(俄罗斯、白俄罗斯、哈萨克斯坦、亚美尼亚和吉尔吉斯斯坦)、3 个观察员国(古巴、摩尔多瓦和乌兹别克斯坦)的经济体。这是今后白俄罗斯最主要的对外经济合作平台。

对于俄罗斯来说,发展联盟国家是其在独联体地区加强合作最重要的方向。今后几年,俄白将落实业已签署的联盟国家合作纲要,使两国经济一体化的程度大幅提高。普京表示,建立联盟国家不仅意味着经济上的一体化,而且包括政治和国防在内的所有其他领域加强协调。卢卡申科也表示,一体化法令的签署标志着俄白两国在建立联盟国家的道路上又迈出重要一步,俄白联盟正变得更加强大。在尚未达成一致的金融和统一货币方面,今后几年也有可能逐步推进。目前,卢卡申科总统主要担心俄罗斯掌握统一货币发行权将使白俄罗斯丧失财政金融的自主权。如果俄白联盟国家和欧亚经济联盟能够正确借鉴欧盟实行欧元的经验,建立统一货币的问题并非绝对不能解决。当然,一个重要条件是俄罗斯自身的经济需要有较大发展,只有这样,俄罗斯才能支撑发行统一货币的负担。

俄白加快联盟国家建设的另一个重要原因,是以美国为首的北约围绕乌克兰局势对俄罗斯展开的遏制行动。近年来,特别是 2021 年下半年以来,俄罗斯与北约之间的博弈因乌克兰问题而加剧。业已开始的俄罗斯与美国及北约的谈判将是复杂和困难的。即使双方能够取得若干妥协,俄罗斯与北约在地缘战略、军备竞赛、势力范围等方面的争夺也将是长期和激烈的。在这一较量中,白俄罗斯和俄罗斯的战略盟友、全面合作关系是十分重要的因素。俄白反复重申,"乌克兰不能加入北约"是两国的"底线"和"红线",而美国、北约和欧盟,特别是"新欧洲"很难在这个问题上作出实质性让步。2021 年 12 月，卢卡申科参加普京在圣彼得堡召集的独联体国家领导人非正式会晤，以及白俄罗斯空降部队参加 2022 年 1 月上旬集体安全条约组织维和部队在哈萨克斯坦的行动表明，俄白两国的合作达到一个新的高度。不久前白俄罗斯在集体安全条约组织快速反应部队的人数增加到 2 万人，而这也可能使俄白与西方国家的关系出现新的矛盾。2021 年下半年，在白俄罗斯和波兰边境出现的中东国家难民问题，也是一个新问题。在可预见的未来，美国、北约、欧盟对俄白的制裁不会取消，相互关系难以改善。白俄罗斯与独联体、欧亚经济联盟、上海合作组织的关系将得到加强，与乌克兰、格鲁吉亚、摩尔多瓦这些疏俄亲欧国家的关系则将趋于紧张和倒退。

（三）不会放弃主权和独立

很多学者把白俄罗斯和俄罗斯称为"同根同源的""东斯拉夫两兄弟"，比喻为"在同一轨道上运行的两个国家，但却是一个亲近与分歧相交织的矛盾体"。虽然普京总统曾一度提出让白俄罗斯成为俄罗斯联邦一部分的建议，普京的智囊们也曾设计在他第二届总统任期结束后（2008 年）出任俄白联盟国家总统的方案，但是这两个方案都未能付诸实施。主要原因在于白俄罗斯不愿放弃主权和独立。白俄罗斯人有自己的身份认同和民族意识，他们认为，白俄罗斯族是"最纯洁的"东斯拉夫民族，且位于欧洲大陆的中心地带。在白俄罗斯千年历史上，1991 年 12 月获得独立是千载难逢的唯一机会。白俄罗斯人有一个普遍的看法："尽管在历史和文化上与俄罗斯接近，但白俄罗斯并不就是等同于俄罗斯。"

卢卡申科曾经表示，白俄罗斯的独立地位决不能在他的手中丧失。他不想以"失去"国家主权与独立的总统的形象载入史册。经过 30 年的努力，白俄罗斯的独立和主权已经深入人心。对于他们来说，建立俄白联盟国家固然是一件好事，但白俄罗斯不能因此失去主权和独立。

对于俄罗斯来说，尽管其国内一部分人具有大俄罗斯民族主义思想，对白俄罗斯不能平等相待，但是俄罗斯明白，如果与白俄罗斯的关系处理不好，必将导致俄罗斯与西方关系更加恶化。在俄罗斯与西方之间，有白俄罗斯横亘于中间，对俄可以起到缓冲作用。俄罗斯与波兰、与波罗的海三国具有非常复杂和困难的关系，如果没有白俄罗斯，俄罗斯与这些国家的摩擦和冲突将很难避免。因此，迄今俄罗斯方面着重强调双边经济一体化和军事一体化，以及在欧亚经济联盟框架内的经济一体化，而不是俄白国家体制一体化。不管是卢卡申科时代，还是卢卡申科之后时期，白俄罗斯作为俄罗斯最密切的盟国和战略伙伴的地位不会改变。同时，在可以预见的将来，白俄罗斯国家的独立地位也将保持下去，不会出现类似克里米亚那样的并入俄罗斯联邦的前景。

（本文原载于《欧亚人文研究（中俄文）》，2023 年第 1 期，第 1—10 页。）

中国和白俄罗斯:
从"战略伙伴"到"全天候全面战略伙伴"

白俄罗斯是最早、最坚定支持和参与共建"一带一路"倡议的国家之一。从在台湾问题上坚定支持中国核心利益,到代表发展中国家在联合国发言支持中国的人权立场,从建设"丝绸之路经济带上的明珠"——"巨石"工业园到成为中欧班列的重要枢纽,白俄罗斯始终是"一带一路"上中国人民的"铁哥们"和"全天候朋友"。

一、政治关系不断巩固与发展

2013 年以来,中白两国关系在业已建立的"全面发展和战略合作新阶段"基础上持续发展,不断攀升。2013 年 7 月,卢卡申科总统访华,两国宣布建立"全面战略伙伴关系"。2014 年 1 月,米亚斯尼科维奇总理访华,签署了《中白全面战略伙伴关系发展规划(2014—2018 年)》。2015 年 5 月 10 日,双方签订《中华人民共和国和白俄罗斯共和国友好合作条约》,为两国关系进一步发展奠定了坚实的法律基础。2016 年 9 月,卢卡申科总统再次对中国进行国事访问。双方表示"将本着相互信任、合作共赢、世代友好的原则,不断深化政治互信和各领域合作,增进民间往来和人文交流,充实中白全面战略伙伴关系内涵,发展全天候友谊,打造利益共同体和命运共同体"。2022 年 9 月 15 日,习近平主席和卢卡申科总统在乌兹别克斯坦撒马尔罕出席上海合作组织成员国峰会期间举行会晤。双方总结了建交 30 年来,特别是 2013 年以来各领域合作取得的成就,基于提升双边关系水平、体现中白关系示范作用和进一步推动两国各领域合作的共同意愿,鉴于当前国际和地区形势的深刻变化，双方一致决定将中白关系提升为"全天候全面战略伙伴关系"。在中国的国际伙伴关系中，像"全天候全面战略伙伴关系"这样的表述并不多见。

中白相互称为"铁哥们"，是名副其实。两国都坚定支持对方的核心利益，在命运攸关的原则问题上相互支持。例如，2019 年 10 月 29 日，在联合国大会社会、人道主义和文化委员会会议上，针对某些西方国家在新疆问题上对中国的诽谤和挑衅，白俄罗斯代表 54 个国家作共同发言指出，"面对恐怖主义和极端主义的严峻挑战，中国新疆采取了一系列反恐和去极端化措施"，"有效保障了新疆各族人民的基本人权"。2021 年 3 月 5 日，针对一些西方国家对香港国安法的责难，白俄罗斯代表 70 个国家在人权理事会第 46 届会议上发言，重申支持中国在香港特别行政区实行"一国两制"，认为香港国安法实施后，香港摆脱了动荡局势，逐渐恢复稳定，并敦促有关方面切实尊重中国主权，停止干涉香港事务和中国内政。2022 年 8 月 2 日，美国国会众议院议长佩洛西窜访台湾后，白俄罗斯外交部发表声明，谴责佩洛西不顾中方意见，强行窜访台湾地区，是不负责任的行为。白方完全认同中方关切，支持一个中国原则，支持中方为实现国家统一采取的措施。

对于中方提出的共建"一带一路"倡议，白俄罗斯总统卢卡申科在 2017 年 5 月就指出，共建"一带一路"是一个具有历史意义的倡议，将为世界经济创造新的增长点。他两次参加"一带一路"国际合作高峰论坛，为该倡议的推广和落实"鼓与呼"。白俄罗斯第一副总理斯诺普科夫也向媒体表示，"'一带一路'"倡议的提出，不仅保障了国家间的互利合作，而且推动了地区间各领域的协调发展，给丝绸之路沿线国家人民带来实实在在的福利。"他认为，白俄罗斯的优先发展方向之一是交通基础设施建设，在共建"一带一路"倡议推动下开展欧亚大陆桥建设。"白俄罗斯愿意在欧亚地区扮演联结枢纽的角色，不断推进交通物流联通和信息流通。"

中国也同样对白俄罗斯的核心利益和安全关切给予支持。2020 年 8 月，白俄罗斯总统选举后国内出现骚乱和动荡，中国外交部发言人指出，"白俄罗斯总统选举是白方内部事务，中方坚定支持白方为维护国家独立、主权、安全和发展作出的努力，坚决反对外部势力对白俄罗斯社会制造分裂和动荡"。针对西方对白俄罗斯实行制裁，2021年6月22日，中国外交部发言人明确表示，中国反对外部势力干涉白俄罗斯内政。2022年9月23日，中国代表在联合国人权理事会第51届会议上发言，"反对有关国家对白俄罗斯实施单边制裁，反对以人权为借口干涉白俄罗斯内政"。中国还积极支持上海合作组织尽快接纳白俄罗斯为正式成员国，认为白俄罗斯的加入将增强上合组织的国际地位，在国际事务与地区合作中发挥更大作用。

由此可见，中白两国良好的政治关系正是在同美西方复杂严峻的斗争中不断巩固和发展。中白在共建"一带一路"倡议上相互支持是两国关系不断发展的重要因素。

二、合作成果丰硕

十年来中白在共建"一带一路"倡议框架下取得了一系列成果，主要表现在以下方面：

（一）贸易额大幅增加

2012年，中白贸易额为15.8亿美元，其中中方出口9.2亿美元，进口6.6亿美元。2022年，中白双边贸易额达50.8亿美元，增长2.2倍。这使中国在白俄罗斯对外贸易中仅次于俄罗斯，跃居第二位。贸易结构也发生很大变化。20世纪90年代，钾肥在白俄罗斯对中国的总出口量中约占70%。中国迫切需要进口钾肥，因为全国约60%的宜耕土地缺少钾肥，每年需要进口钾肥约220万吨。2017年，白俄罗斯开始向中国出口农畜产品，价值990万美元，2020年增加到2.55亿美元，品种扩大到牛肉、鸡肉、牛奶、奶制品、菜籽油和亚麻纤维、食糖、淀粉、薯片及鱼产品。2022年，中国自白俄罗斯进口各类农产品6.49亿美元，同比增长51.59%。中国成为白俄罗斯农产品和食品的第三大出口市场。其中，使用中方优惠贷款、由中国企业担任总承包商的白俄罗斯全循环高科技农工综合体发挥了重要作用。

（二）中白工业园、吉利汽车装配厂和中欧班列等具体合作项目成绩斐然

2008 年至 2013 年，中国金融机构共向白俄罗斯提供 140 亿美元贷款，以及两期（每期 10 亿美元）的政府优惠贷款。2015 年，习近平主席访问白俄罗斯后，中国国家开发银行又向白俄罗斯提供 70 亿美元贷款。中国在白俄罗斯投资的美的微波炉、潍柴发动机、成都新筑超级电容等项目，填补了白俄罗斯工业领域的空白。两国在白俄罗斯的老电站和铁路电气化改造、公路改扩建、合资汽车厂、大型酒店、住宅小区建设，以及通信技术方面的合作，都卓有成效。2018 年 5 月，时任总理科比亚科夫说，白中两国在白境内联合实施的 16 个大型项目已经完工，还有 16 个总额约 80 亿美元的合作项目正在实施，两国承建单位之间的成功合作经验为今后双方扩大合作打下了良好基础。

2013 年以来，中国和白俄罗斯联袂建设的"巨石"工业园成为投资的主要项目。2015 年 5 月，习近平主席访问白俄罗斯，要求把中白工业园建设成为"丝绸之路经济带上的明珠"，直接推动了该项目的快速发展。2019 年园区一期 8.5 平方千米配套设施建设基本结束，中白两国及第三国的企业纷纷入驻工业园。迄今入园企业已有 107 家，涉及机械制造、电子商务、新材料、中医药、人工智能、5G 网络开发等领域，意向投资额 13 多亿美元。

在中白工业园起步的同时，2013 年 7 月，浙江吉利控股集团与白俄罗斯别拉斯汽车制造厂、白俄罗斯国家零部件集团合资公司合资成立吉利（白俄罗斯）汽车有限公司，以散装组件方式生产汽车，被白俄罗斯政府列为国家重点项目。汽车制造厂占地面积 118 公顷，2015 年 5 月开工建设，2017 年 11 月 17 日，首台吉利博越汽车下线。卢卡申科总统在投产仪式上动情地说："我们在中国朋友的帮助下实现了生产国产轿车的梦想。" 2021 年，吉利在白俄罗斯销售 7442 辆新车，在畅销车中列第四位。

白俄罗斯的优越地理位置使它成为中欧班列的重要枢纽。2017 年 5 月，在"一带一路"国际合作高峰论坛期间，白俄罗斯政府和中国政府签署了《发展国际货物运输和落实建设丝绸之路经济带倡议合作协定》，为两国在中欧班列方面的合作发展奠定了法律基础。2015 年，驶经白俄罗斯的中欧货运列车 298 列，2019 年，增加到 3118 列。2021 年，中欧班列开行 1.5 万列，同比增长 22%，发送 146 万标箱，同比增长 29%，对保障国际产业链、供应链稳定畅通作出了贡献。其中白俄罗斯功不可没。2022 年 1 月 22 日，从白俄罗斯索利戈尔斯克发出的中欧班列满载农用物品，经霍尔果斯到达武汉，全程运行 14 天。11 月 20 日，载有 50 个大柜、货物价值超 300 万美元的中欧班列从厦门自贸片区海沧站驶出，16 天后抵达白俄罗斯首都明斯克。2022 年，白俄罗斯铁路公司共计向中国开行 988 列货运班列，近 12 万个标箱，主要是钾肥、木材、木制品和乳制品。

（三）人文合作大踏步发展

发展文化交流、促进民心相通是共建"一带一路"的重要内容。中白双方为此做了大量工作。两国轮流主办"文化日"活动，包括互派音乐舞蹈团体、举办美术展。2019 年，中国教育部、白俄罗斯教育部共同举办"白俄罗斯教育年"。2005 至 2011 年，我在中国驻白俄罗斯使馆工作期间，每年在白的中国留学生约 4000 人，如今已超过 7000 人，来华学习的白俄罗斯学生也从十几人增加到近千人。中国在 934 万人口的白俄罗斯开设了 6 所孔子学院和 2 个孔子课堂，在独联体国家中名列前茅。白俄罗斯学生热爱汉语，努力攻读，汉语水平不断提高，很多学生在汉语桥等国际比赛中斩获优异成绩。2014 年至今，中国高校也建立了 15 个白俄罗斯研究中心，北京外国语大学、北京第二外国语学院、天津外国语学院和西安外国语学院等均设立了白俄罗斯语专业或第二外语课程。

白俄罗斯全部 6 个州和明斯克市均与中国相关省市建立了友好关系，其中明斯克市同北京、上海、深圳、长春 4 座城市结为友城，在各领域保持友好往来和良好合作。2021 年至 2022 年，中白互办"地方合作年"，160 多项地方合作交流活动精彩纷呈，有力促进了两国人民之间的相互了解与友谊，夯实了"铁哥们"关系的民意和社会基础。

特别值得指出的是，从 2018 年 8 月 10 日起，中国和白俄罗斯互免持普通护照人员签证协议生效。两国持普通护照人员可免签入境对方国家，每次停留时间可达 30 天，一年内免签入境时间累计可达 90 天。该协议对因私出国、商务出差及出境旅游人员均有效。白俄罗斯因而成为独联体地区率先对持普通护照的中国公民实行免签的国家，其政策带动了欧亚地区其他国家放宽对中国公民的签证制度，促进了旅游合作的发展。白俄罗斯把 2018 年定为中国"白俄罗斯旅游年"，旨在改善本国旅游基础设施，为中国游客提供更多便利，吸引更多中国朋友到访白俄罗斯。这些举措收到了显著成效，2017 年，赴白俄罗斯的中国公民约 2 万人次，2018 年前 10 个月增长 12%。2019 年，中国出境游新型热门消费国家排在前三位的是白俄罗斯、印度和缅甸，其中白俄罗斯的消费增幅远远高于其他国家，为 3000%。

还必须指出的是，在新冠疫情下，中白两国人民互相支持，体现了"患难见真情"的真挚友谊。2020 年 1 月 30 日，新冠疫情刚在武汉暴发，白俄罗斯政府就派军机运送第一批 20 吨援助物资到武汉。2 月 6 日下午，白俄罗斯军方一架伊尔-76 专机运载的第二批 20 吨物资抵达北京，包括外科医用防护服、口罩、手套、碘酒、防护服、消毒液及其他医疗用品。而当中国在抗击新冠疫情斗争取得明显成效后，4 月 17 日上午，中国援助的大量防护服、核酸检测试剂盒等 30 吨抗疫物资运抵明斯克。截至 2022 年 11 月，中国分 7 批向白俄罗斯提供了 950 万剂新冠疫苗。这与一些西方国家污蔑、抹黑中国的抗疫斗争形成鲜明对照。

三、中白合作的宝贵经验

中白在共建"一带一路"中取得的成绩并非偶然，其主要经验有以下几点：

（一）国家领导人高度重视

习近平主席于 2010 年 3 月和 2015 年 5 月两次到访白俄罗斯，14 次同卢卡申科总统会晤，卢卡申科总统 13 次访华或来华出席国际活动，每次国事访问都把中白关系提升到一个新的水平。2020 至 2022 年的新冠疫情也不能阻碍两国领导人联系，他们通过信函、电话通话等方式，不断就双边关系和国际形势交换意见，商讨发展中白关系的重要举措。与此同时，10 年间两国副国级以上高层访问超过 60 人次。这对中白关系的持续发展发挥了引领作用。

（二）务实高效的工作机制

中白政府间合作委员会由两国副总理牵头，每两年举行一次会议。该委员会下设经贸、文化、科技、教育四个分委会，定期总结工作，制定下个阶段的计划和执行方案，并确定每个项目的负责单位。例如 2018 年举行的第三次会议制定了合作意向清单，中国商务部负责在明斯克建设保障房、大学生宿舍、足球场、游泳馆、中白工业园住宅楼和科技成果转化合作中心等无偿援助项目，中国公安部负责中白工业园警务中心建设。至 2022 年，多数项目业已完成，有的则接近完成。这些工作机制对双边合作文件的执行和落实起了保障作用。

（三）不断创新的合作形式

从创办"巨石"工业园到建立中欧班列枢纽，从向中国出口农畜产品到中国投资在白建造全循环高科技农工综合体，从白俄罗斯申请成为上合组织观察员到即将被批准成为正式成员国，从互免普通护照签证到相互在对方首都设立文化中心，从建立白俄罗斯国立大学"共和国孔子学院"到在中国高校设立白俄罗斯研究中心，中白双方在共建"一带一路"倡议框架下积极求索，共克时艰，锐意创新，不断前进。

当然，前进的道路并非永远平坦和一帆风顺，共建"一带一路"的实践也充满艰难险阻。在中白合作中还存在一些困难和问题，例如，由于中白两国经济管理体制不同，对于市场经济的认识和态度有所区别，双方在经贸合作中难免发生一些分歧。有的时候，白方对从中方获得贷款和投资所抱期望过高。而中方一些企业对在白投资的复杂性和困难估计不足，造成项目未能收到预期效果。2020 年大选风波和 2022 年 2 月以来的俄乌冲突对中白工业园建设带来始所未料的困难和挑战，使很多中国企业原来设想的经由中白工业园向欧盟市场发展的计划受挫。但是"办法总比困难多"，凭着十年来积累的包括上述三条在内的丰富经验，在业已建立的良好政治、经济和人文合

作基础上，中白"全天候全面战略伙伴关系"一定会不断发展，造福于两国
人民，也有利于欧亚地区的和平与稳定以及人类命运共同体的建设和发展。

（本文原载于《丝路瞭望》，2023 年第 6 期。）

接受白俄罗斯国家通讯社记者
阿利娜·格里什凯维奇采访的访谈录

一、与新冠疫情和乌克兰危机有关的复杂形势是否影响中国的共建"一带一路"倡议？

答：与新冠疫情和乌克兰危机有关的复杂形势对共建"一带一路"倡议造成了明显的消极影响。首先，新冠疫情和乌克兰危机直接冲击了共建"一带一路"合作的国际环境。从2020年1月以来，就共建"一带一路"倡议开展合作的签约国家和政府间合作协议的数量下降。有的国家和政府之间在政策协调、措施协调、共同应对疫情方面做得不够。美国政府为了推卸自己在国内应对疫情不力的责任，竭力把疫情病毒源头归于中国，并且阻挠共建"一带一路"倡议的开展。

基础设施互联互通是共建"一带一路"倡议的核心内容和目标。现在全球交通运输体系却出现了很多问题。为了严控疫情蔓延，很多国家采取了海关限制、停航、停运等措施，造成运输不畅，物流停顿。不少国家内部，以及国家之间的交通运输基础设施合作项目暂停，或者建设速度减缓。

在相互贸易方面，货物的采购、生产、库存、销售等供应链环节都受到影响，不少物流陷入停顿。2020年，中国与共建"一带一路"国家的进出口贸易出现下滑。特别是美国和欧盟对俄罗斯、白俄罗斯实施的空前严厉的金融和经济制裁，不仅给这两个国家，而且给整个国际金融体系和贸易合作造成前所未有的困难和损害。

资金融通也出现一些问题。由于很多国家特别是发展中国家的资金流出现问题，很多工程项目被迫搁浅、下马或推迟施工。中国为共建"一带一路"国家提供的部分贷款面临推迟偿还的风险。

新冠疫情对共建"一带一路"国家的人员流动、人文合作也造成不利影响。无论是官方访问，还是民间交流，都急剧萎缩。据联合国贸易和发展会议的数据，2020 年的全球入境旅游人数下降 74%，减少了 10 亿人次，估计全球旅游业损失 1.3 万亿美元。共建"一带一路"国家的旅游合作也受到影响。

与此同时，也应看到，这两年半以来，共建"一带一路"国际合作也不是没有亮点。中国和伙伴国家一起，"危"中寻"机"，努力开辟或加强新的合作方向。

第一，共建国家在医疗卫生领域的合作大幅加强。各国政府更加重视医疗卫生领域的国际合作，包括政策协调，尤其是公共卫生政策的协调，医疗卫生信息分享，疫苗研发和生产合作，医学科学研究合作。对医治新冠病毒感染有效的中医药进入中白工业园，就是一个有益的尝试。

第二，各国仍在努力保持和发展贸易往来。据中国商务部发布的数据，经历 2020 年的下滑后，2021 年，中国与共建"一带一路"国家的货物贸易总额为 11.6 万亿元，创 8 年来新高，同比增长 23.6%。其中，白俄罗斯与中国的贸易额 46 亿美元，比 2019 年增长 80 万美元。白俄罗斯产品出口增长 9.4%。2022 年 1—4 月，中国与白俄罗斯货物进出口额为 13.45 亿美元，比 2021 年同期增长 9.7%。

第三，在全球投资下降的背景下，2020 年，中国对共建"一带一路"国家的非金融类直接投资为 178 亿美元，与 2019 年相比增长 18.3%。2021 年，中国对共建国家直接投资为 1384.6 亿元，同比增长 7.9%。2020 年，中白实施了 50 多个投资项目，还有 20 多个项目即将付诸实施。计划在中白工业园建设一个国际集装箱中转中心，发挥枢纽作用。2022 年 4 月，《中国与白俄罗斯服务贸易与投资协定》第四轮谈判以视频会议方式举行。双方就投资、服务贸易、电子商务等合作深入交换意见，并拟定了下一步工作计划。

第四，铁路运输继续发展。中巴经济走廊、雅加达至万隆高铁、中国至老挝铁路、匈牙利至塞尔维亚铁路等重点项目没有一例因疫情而停工。中国至欧洲的铁路运输逆势增长，2021 年，全年开行中欧班列 1.5 万列、发送

146 万标箱，同比分别增长 22%、29%。俄乌冲突以来，中欧班列在继续保留原有路线的同时，又开辟新的路线，即从中亚经由里海和外高加索到土耳其的路线。中俄界河黑龙江上的第一座铁路桥（同江至下列宁斯阔耶）和第一座公路桥（黑河至布拉戈维申斯克）已经建成，即将通车。

据中国专家们估计，随着新冠疫情的逐渐平稳，后疫情时代对共建"一带一路"的需求会增加，恢复和改进供应链、产业链的需求很大，加快基础设施尤其是交通基础设施建设将成为世界各国的首要任务之一。共建"一带一路"倡议将面临新的更快发展的阶段。

二、在世界发展的现阶段哪些风险和威胁最危险？

答：我认为，美国坚持霸权主义和单边主义仍然是世界当前阶段最大的危险和威胁。这是与以联合国为核心的多边主义潮流相矛盾、相对抗的一种倾向，是与经济全球化和世界民主化的发展潮流相违背的一股逆流，得不到世界大多数国家的赞同和支持，没有前途。

需要指出的是，以美国为首的北约已经成为国际上最危险、最具威胁性的政治和军事组织。从 1999 年 3 月以来，北约 5 次东扩，成员国从 19 个增加到 30 个。北约先后对南斯拉夫联盟、伊拉克、叙利亚、利比亚、阿富汗等国家进行空袭或占领，严重违背了国际法和国际关系准则。当前北约又向乌克兰提供大量武器装备延长军事行动，并趁机准备第 6 次扩员——把芬兰和瑞典纳入该集团。

值得注意的是，北约已经开始进一步向亚太地区扩张。拜登政府推行"印太战略"，侧重联盟关系、军事威慑以及在东南亚地区加强存在，对抗中国。美英澳建立三边安全伙伴关系，美英支持澳大利亚建造核潜艇，对亚太地区的核不扩散和安全造成新的威胁。

面对以美国为首的北约威胁，我们应维护以联合国为核心的国际体系和以国际法为基础的国际秩序，坚持国际大事由各国共同参与，国际规则由各国共同制定，发展成果由各国共同享有。

三、现在的世界形势对于中白协作来说，是妨碍还是促进？

答：当前世界形势错综复杂，新冠疫情还没有平息，俄罗斯和乌克兰的冲突仍在继续。美国和欧盟对俄罗斯和白俄罗斯实行政治、经济和金融制裁，给国际形势造成了极大混乱，破坏了国际政治和经济秩序。

在当前困难的形势下，需要我们发展中国家探索新途径、新办法、新举措。鉴于环球银行间金融通信协会（SWIFT）把俄罗斯、白俄罗斯剔除，为了不依赖美元和欧元，在贸易和经济合作中增加使用地区货币结算对中白合作具有积极作用。我们应该加快发展自己的结算系统。2014 年开始建立的俄罗斯银行金融信息系统（Financial Messaging System of the Bank of Russia, SPFS），迄今已有 400 个用户。为了应对国际金融风险，中国建立了人民币跨境支付系统（CIPS），这是由中国人民银行开发的独立支付系统，为境内外金融机构人民币跨境和离岸业务提供资金清算和结算服务，中国人民银行还建立了人民币大额支付系统（CNAPS）和中国银联银行卡跨行支付系统（CUPS）。环球银行间金融通信协会把俄白剔除的做法，降低了该组织以及美元和欧元的信誉，我们应利用这个机会，发展中俄的金融信息系统和跨国结算系统，增加本币结算的比重。

我认为，在新的形势下我们应该研究欧亚经济联盟、上海合作组织、金砖国家以及其他国家以更加紧密的形式开展更加密切经济协作的问题，包括更多使用本币合作的可能性。

四、在中白合作中哪些领域您认为最有发展前途？

答：我觉得中白合作在全面发展的同时，应该把中白工业园、地方合作、文化教育交流这三个方向作为重点开展。

首先，中白工业园已经有 80 多家企业入驻，它们代表了我们两国及其他一些国家先进的高科技的工业企业，具有良好的发展前途。在欧盟抵制的情况下，现在应该把欧亚经济联盟国家、上海合作组织国家、金砖国家、东盟国家等新兴市场国家尽可能多地吸引到这个工业园，形成比较强大的生产力。中白工业园应该与莫斯科的"斯科尔科沃"创新中心开展紧密合作。

其次，最近两年中白地方合作年的实践说明，地方合作具有很强的生命力。中国很多省市自治区与白俄罗斯的六个州和首都明斯克市建立了友好合作关系，蕴藏着巨大的发展潜力。地方经济各有特点，具有互补性。在两国中央政府进行宏观、大项目、远景合作规划的同时，再加上地方政府和企业的积极性，用两条腿走路，会取得更好的效果。

最后，多年来，中白两国的教育和文化合作取得了长足发展。但是仍显不足，两国人民之间的相互了解和彼此理解还很不够。目前在白俄罗斯已经建立六所孔子学院和两个孔子课堂，在中国也建立了十几个白俄罗斯研究中心，在多所大学开设了白俄罗斯语专业。我觉得今后要更好地发挥这些研究中心和教学中心的作用，提高它们的质量。随着新冠疫情逐渐平息，两国旅游业合作应得到快速发展。中国人旅游有一个特点，就是希望一次国外旅游能够看到更多名胜古迹。比如，去中亚旅游，就不单是游览哈萨克斯坦或者乌兹别克斯坦一两个国家，而是最好把中亚五国一次都游遍，这从时间、费用、安排上来说，是最佳的。我在明斯克工作时，曾有机会带着我的妹妹和妹夫到莫斯科、圣彼得堡游览，从圣彼得堡乘火车到明斯克，再从明斯克返回北京。因此，我建议中俄白开辟三国游的路线。把到俄罗斯旅游的 100 多万中国游客吸引一部分顺路到白俄罗斯旅游，这可能会有力促进中白旅游合作的发展。

五、在白俄罗斯工作期间哪些东西给您留下最深刻的回忆？

答：2005 年 7 月至 2011 年 8 月，我在中国驻白俄罗斯使馆担任参赞，负责与中白新闻、文化、教育、科技合作有关的工作。这期间给我留下的美好印象很多、很丰富。

印象最深刻的，可以说两点：一是白俄罗斯美丽的自然风光。我几乎走遍了白俄罗斯主要的城市和名胜古迹，它们给我留下非常美好和难以忘怀的印象。我认为，应该把白俄罗斯和俄罗斯的旅游业结合起来，使中国游客在去俄罗斯旅游的同时，把明斯克、米尔城堡、涅斯维什、布列斯特英雄要塞、别洛韦日原始森林、维捷布斯克、波洛茨克等名胜古迹一并参观，开辟莫斯科—圣彼得堡—明斯克的旅游路线，从明斯克或莫斯科返回北京。为此，白俄罗斯需要加强旅游基础设施建设，提高旅游服务质量。

二是白俄罗斯人民对中国和中国人民的友好感情。在白俄罗斯工作和生活期间，我一直沉浸在白俄罗斯朋友的友好情谊中。作为新闻参赞，我经常与白俄罗斯媒体打交道，白俄罗斯新闻媒体对中国的友好感情令我感动不已。您和《共和国报》资深记者米哈伊尔·舍曼斯基以及其他很多新闻工作者对我的工作给予很大支持和帮助。舍曼斯基曾经撰写和出版关于中国的"三部曲"——《中国，你好！》《开放的中国》《亲近的中国》，全面和详细地向白俄罗斯人介绍中国。2008 年 5 月 12 日，四川省阿坝藏族羌族自治州汶川县发生 8.0 级地震，6.9 万余人遇难，37.4 万余人受伤，近两万人失踪。白俄罗斯政府立即决定向中国援助 20 吨帐篷和棉被等救援物资，由白俄罗斯紧急状态部派专机运往四川。舍曼斯基获悉后，立即打电话给我，表示慰问。5 月 19 至 21 日中国全国哀悼日期间，时任白俄罗斯外长马丁诺夫、舍曼斯基和他的同事们都来我们使馆吊唁。舍曼斯基还参加时任中国大使吴虹滨介绍汶川地震的记者招待会，并予以报道。您是报道中国和中白关系各种活动最积极的记者。每逢中白关系的大事，几乎都能看到您的有关报道。您多次访问中国，回国后写了许多关于中国的文章，并集结出书。

六、您现在是否继续从事与中白关系有关的工作？

在白俄罗斯六年的工作和生活使我与白俄罗斯结下不解之缘。回国之后，我参与编辑出版了《中国人看白俄罗斯》《中国外交官看白俄罗斯》，主编了《我们和你们——中国和白俄罗斯的故事》《白俄罗斯名人传》，还为《白俄罗斯简史》《白俄罗斯驻华大使回忆录》作了译校。其中，《中国外交官看白俄罗斯》获得中国国际问题研究基金会"公共外交优秀奖"。

2016 年以来，我受聘担任中国人民大学–圣彼得堡国立大学俄罗斯研究中心副主任和研究员，其间经常就白俄罗斯国内形势和对外政策，特别是对中白关系、共建"一带一路"和中白工业园等问题进行研究讨论，提出积极发展中白关系的各种建议。

我也到北京第二外国语学院、天津外国语大学、西安外国语大学、辽宁理工大学等高等院校作关于白俄罗斯、中白关系的讲座，积极推动建立白俄罗斯研究中心和开设白俄罗斯语专业。2019 年 1 月，我获得白俄罗斯教育部颁发的"中白教育关系发展突出贡献奖"。

白俄罗斯独立 31 年来，中白两国人民在相互了解、彼此理解、求同存异方面有了长足进步，但是仍然存在因文化差异而了解不够的问题。这在一定程度上影响了两国的政治、经济贸易、科学文化、教育等方面的合作。这也是我为什么致力于撰写、翻译或出版关于白俄罗斯的图书的原因。所以，进一步加强文化和人文合作，包括新闻、文学、艺术、翻译等方面的合作，是我们需要继续努力的。这也是共建"一带一路"倡议中"民心相通"的建设工作，值得我们不懈努力，为中白关系的持久发展打牢社会和民意基础。我也将继续在这方面作出力所能及的努力和贡献。

（本文系白俄罗斯国家通讯社 2022 年 6 月 14 日发布的《"一带一路"是新冠疫情后世界发展的火车头》，记者阿利娜·格里什凯维奇。）

白俄罗斯议会选举的特点和影响

2024 年 2 月 25 日，白俄罗斯举行了四年一次的国民会议代表院（议会下院）选举，与前七次议会选举相比，这次选举具有投票率较高、反对党被排除在外、新政党一举崛起等特点。这一结果对白俄罗斯今后几年的政局发展，尤其是对 2025 年总统选举将产生重要影响。

一、投票率较高

白俄罗斯登记注册的选民有 690 万，25 日参加投票的选民占 73.09%。对此，卢卡申科总统表示："没有料到选民的积极性有这么高！"

自 2020 年 8 月白俄罗斯总统选举后，该国曾经发生长达数月的政治动荡。政治反对派在美国和欧盟支持下，不承认大选结果，要求重新选举，遭到当局拒绝。于是美国和欧盟宣布对白俄罗斯实行全面制裁，企图压垮卢卡申科政府。

2022 年 2 月，俄罗斯对乌克兰开展"特别军事行动"。由于白俄罗斯支持俄罗斯，加强俄白联盟国家建设，对抗美国、北约和欧盟的威胁，美国和欧盟更把卢卡申科政府视为"眼中钉、肉中刺"，必欲除之而后快。美西方不仅在军事、经济、外交等方面打压白俄罗斯，而且在文化、教育和体育等领域也不放过，甚至宣布不允许白俄罗斯体育代表团参加 2024 年在法国举行的夏季奥运会。

此次白俄罗斯议会选举前夕，逃亡波兰、立陶宛、捷克等国的白俄罗斯政治反对派，通过发送电子邮件以及在超市、体育中心等公共场所播放广告视频等手段，呼吁选民抵制选举、拒绝投票。但选民的眼睛是雪亮的，心里有杆秤，他们选择的是国家的安全、社会的稳定和发展的前景。

二、新政党一举崛起

本次选举的一个看点是，4个政党的代表在选举中获得较大支持，新成立的"白色罗斯"党更是名列前茅。与俄罗斯、哈萨克斯坦等国的议会选举不同，自1996年实行议会两院制以来，白俄罗斯议会选举一直实行单一选区选举，各政党不是以政党的名义，而是其党员以议员候选人名义参加选区内的竞选。白俄罗斯设立110个选区，每个选区选出1名代表，构成议会下院。此次议会选举前，白俄罗斯司法部对各政党进行了重新登记，取消了那些由西方国家资助的反对党的登记资格。原来登记的15个政党只剩下4个——白俄罗斯共产党、自由民主党、共和国劳动和正义党以及"白色罗斯"党，它们都是支持总统、赞成总统治国方针的党。卢卡申科总统认为，4个政党的任务"不是与总统、同国家作斗争，而是在政党之间开展竞争"。

经过比较激烈的竞选，这次共有51名"白色罗斯"党党员脱颖而出当选议员，白俄罗斯共产党有7人当选，共和国劳动和正义党有8人进入议会，自由民主党有4人成为议员。"白色罗斯"党的成员们第一次参加竞选就取得如此好的成绩，原因何在？

第一，总统支持。2021年，卢卡申科总统会见白俄罗斯共和国公共协会"白色罗斯"（有20多万名成员）的领导人奥列格·罗曼诺夫，要求其加强"公共组织的作用"，把协会发展成为政党。经过近两年筹备，"白色罗斯"党于2023年3月成立，同年5月2日在司法部登记注册。该党章程称，"白色罗斯"党是捍卫人民利益的核心，是履行政府与人民之间社会契约的保证，"'白色罗斯'党将自己定位为公民与国家对话的有效纽带，能够代表人民与当权者对话"。该党负责人罗曼诺夫说："我们将在诚实劳动和保护劳动人民、社会正义等方面与左翼达成共识；我们将在铭记历史、保护家庭制度等维度同右翼'保守派'找到共同语言。我们认同将支持创业作为经济的组成要素之一。从这个意义上说，我们不会与自由主义者发生激烈的矛盾。"

第二，党员的素质较高。该党成员大多是爱国爱民、在基层工作多年、富有实践经验和突出业绩的各行各业领导干部和业务骨干，在选民中享有较高威信和信任度。例如，在当选的议员中，包括总统办公厅主任伊戈尔·谢尔盖延科、全国工会主席米哈伊尔·奥尔达、劳动和社会保障部部长伊琳娜·科斯捷维奇、总统管理学院院长威亚切斯拉夫·达尼洛维奇。有人把"白色罗斯"党称为"国家管理者的干部党"。一些国际观察员认为，"白色罗斯"党与俄罗斯的"统一俄罗斯"党很相似，将成为总统在议会的重要依靠，既能反映总统的执政理念，又是把总统的路线、方针、政策落实到实际工作去的桥梁和纽带。

需要补充的是，2 月 25 日的选举被称作"统一选举日"。因为在议会下院选举的同时，在全国各地举行了地方议会（市、区议会）的选举。共有 18 802 名候选人参加地方议会竞选，其中 12 500 人当选。当选的地方议员一般都是支持总统和政府、在当地比较著名的公众人物。

独联体、上海合作组织、欧亚经济联盟等国际组织和一些国家应邀派观察员监督白俄罗斯议会选举，他们认为选举"组织有序，没有违规行为"。但是欧盟和欧洲安全与合作组织拒绝派观察员去白俄罗斯。美国国务院更是指责白俄罗斯议会选举是"虚假的，在恐怖气氛中进行的，缺乏民主程序"。对此，卢卡申科总统怒怼："世界上没有其他地方的选举比白俄罗斯的选举更透明、更符合原则"。

三、任务仍然艰巨

按照白俄罗斯的政治活动时间表，2024 年 4 月 4 日将举行国民会议共和国院（上院）选举，上院共有 64 位议员，从白俄罗斯 6 个州和明斯克直辖市各选出 8 位（共计 56 位），其余 8 位由总统任命。由于议会上院议员的选举在各州议会进行，因此，与议会下院选举相比，上院的选举将比较轻松。

比议会选举更重要的是，4 月 25 日以前白俄罗斯将召开新一届全白人民大会。根据 2022 年 2 月 27 日白俄罗斯修改宪法的全民公决结果，全白人民大会是白俄罗斯人民政权最高代表机构，拥有确定内政外交基本方向、批准国家经济发展规划、审议选举合法性、罢免总统、实行紧急状态和戒严状态、提议修改宪法和举行全民公投等权力。全白人民大会将有 1200 名代表参加，其中包括立法、行政、司法的代表以及公民社会代表，各地议会的领导 350 人，政府总理、副总理和部长，以及社会组织代表 400 人。大会将听取总统的国情咨文和总理的政府工作报告，选出全白人民大会主席团、主席和副主席。

这将是白俄罗斯政治制度的一个重大变化，白俄罗斯是后苏联空间 15 个独立国家中唯一实行人民大会制度的国家。既有议会两院，又有全白人民大会，而且后者是国家最高权力机构。全白人民大会至少每年举行一次，而议会下院则是常设性立法机构。这种制度安排是白俄罗斯根据本国具体国情探寻国家治理方式的一个创举。但是，也正因为前无先例，议会和全白人民大会之间的关系是否能够完全平衡，是否会出现重复或者职能分工不够合理等情况，还需要努力摸索，由实践证明和完善。

四、卢卡申科将继续竞选总统

卢卡申科总统 2024 年 2 月 25 日在议会下院选举投票时对新闻媒体表示，2025 年 7 月 20 日以前将举行下一届白俄罗斯总统选举，他将参加竞选并争取蝉联。他说，在 2020 年长达数月的国内大规模骚乱后，他对是否参加下届总统竞选进行了认真思考，认为"在这样复杂和不确定的时期放弃总统职位，无异于背叛"，"情况越复杂，他们（反对派）就越是要扰乱我们的社会，要让我们陷入窘境，那么我就越要尽快参加竞选"。他认为，白俄罗斯将面临复杂的形势，总统除专业性外，还需要忠诚于白俄罗斯人民。

卢卡申科 1954 年 8 月出生于莫吉廖夫州什克洛夫区一个农民家庭，就读于莫吉廖夫师范学院历史系和莫吉廖夫农业科学院经济系。两度在苏联军队服役。退役后在集体农庄担任领导工作。1993 年，出任白俄罗斯最高苏维埃临时反腐败委员会主席。次年 3 月，在白俄罗斯第一次总统选举中脱颖而出，当选总统。此后连续 6 次连选连任，执政至今，是独联体国家中担任总统职务时间最长的总统之一。在 2020 年 8 月的总统选举中，白俄罗斯中央选举委员会宣布，卢卡申科以 80.23% 的得票率当选总统，反对派领导人季哈诺夫斯卡娅获得 10.12% 的选票。在美国和欧盟支持下，白俄罗斯反对派掀起了不承认选举结果、要求重新选举的抗议运动，持续数月。由于没有得到多数人民群众的支持，反对派的示威抗议活动以失败告终，季哈诺夫斯卡娅等反对派领导人逃往立陶宛、波兰等国，从国外继续进行反总统、反政府活动。在 2024—2025 年白俄罗斯进行议会选举和总统选举的背景下，反对派的活动也在加剧。它们计划 2025 年 3 月在国外举行所谓 "白俄罗斯政治力量协调委员会" 选举，5 月举行另一个所谓 "白俄罗斯议会" 选举，以便同白俄罗斯卢卡申科政府抗衡。对此卢卡申科总统指出，反对派 "肯定要捣乱"，但是白俄罗斯政权已经 "从自己的错误中吸取了教训，所以反对派用最激进的方式推翻现政权将很困难"。2 月 20 日，卢卡申科总统在国家强力部门扩大会议上指出，现在白俄罗斯存在推翻现政权的三种可能性：第一种是在议会选举期间策动国家政变，或者用武力夺取政权，但是这一可能性很小，"因为外国情报机构看不到类似 2020 年搅乱政局的实际借口"；第二种可能性最大，就是把这一次议会选举当作 "准备 2025 年总统选举时发动政变的演练和初始阶段"，"它们盯着我们、希望我们犯错误，以便充分利用"；第三个方案是在前两个方案失败后，将最大限度地使用 "软实力手段"。他没有解释是哪些 "软实力手段" 以及怎样使用，但从他过去多次讲话来看，指的是 "颜色革命" 的手段。

由此可见，虽然被称为 "抗压测试" 的白俄罗斯议会下院和地方议会选举顺利结束，但是未来的斗争还很复杂，有时甚至会非常尖锐和激烈。卢卡申科总统表示，他有信心、有能力克服困难，赢得大选。俄罗斯总统普京在 2024 年 2 月 26 日致卢卡申科的贺电中说："此次高投票率和人民意愿的结果清楚地表明，在您的领导下，旨在使白俄罗斯社会和谐、经济发展、确保国内政治稳定、在联盟国家框架内促进互利一体化进程的方针得到了广泛支持。"白俄罗斯是俄罗斯在后苏联地区最亲密的盟国，是独联体、集体安全条约组织和欧亚经济联盟的重要成员，俄白联盟国家是俄罗斯在欧亚地区最成功的一体化合作，因此，普京和卢卡申科都表示，俄白两国是"永远的盟国"，"将一起战斗，共同胜利"。

（本文系作者 2024 年 4 月初根据白俄罗斯国家通讯社报道撰写。）